A TRAVÉS DE LA MIRADA: POR UNA PEDAGOGÍA DEL ENCUENTRO

COL·LECCIÓ
educació

BIBLIOTECA DE LA UNIVERSITAT JAUME I. Datos catalográficos

Noms: Cima, Rosanna, autor | Schiavon, Chiara, traductor | Universitat Jaume I. Publicacions, entitat editora

Títol: A través de la mirada : por una pedagogía del encuentro / Rosanna Cima ; traducción de Chiara Schiavon

Altres títols: Attraverso lo sguardo. Castellà

Descripció: Castelló de la Plana : Publicacions de la Universitat Jaume I. Servei de Comunicació i Publicacions, [2025] | Col·lecció: Educació ; 25 | Inclou bibliografía

Identificadors: ISBN 978-84-10349-60-5 (paper) | ISBN 978-84-10349-61-2 (pdf)

Matèries: Pedagogia social

Classificació: CDU 37.013.42 | THEMA JNE

Publicacions de la Universitat Jaume I es miembro de la UNE, lo que garantiza la difusión y comercialización de sus publicaciones a nivel nacional e internacional. www.une.es.

© del texto: Rosanna Cima, 2025

© de la presente edición:
Publicacions de la Universitat Jaume I. Servei de Comunicació i Publicacions
Edifici Rectorat, planta 0. Av. Vicent Sos Baynat, s/n 12071 Castelló de la Plana
Tel. 964 72 8821   publicacions@uji.es

© Ilustración de la cubierta: *Amistad entre el mar y el cielo*, Damiano De Cataldo, 2025

ISBN (papel): 978-84-10349-60-5
ISBN (pdf): 978-84-10349-61-2

DOI: http://dx.doi.org/10.6035/Educacio.25

Depósito legal: CS 183-2025

Este libro, de contenido científico, ha estado evaluado por personas expertas externas a la Universitat Jaume I, mediante el método denominado revisión por iguales, doble ciego.

A TRAVÉS DE LA MIRADA: POR UNA PEDAGOGÍA DEL ENCUENTRO

Rosanna Cima

Traducción de Chiara Schiavon

índice

P R Ó L O G O

*Cuando se produce el en-cuentro, algo ya no es lo mismo que antes,
no son las cosas y las personas las que cambian, es la mirada
que toma conciencia de sí misma, se predispone a formas de
conocimiento que vienen de otros espacios, revelan caras diferentes
del «quién somos» en relación con el otro y con el mundo.*

ROSANNA CIMA

Llega a mis manos este libro, de la mano de su autora. Una mujer dulce y serena, que hace preguntas profundas, que no da nada por supuesto, que escucha, revisa, comparte y te hace crecer. Todo comienza con un encuentro, quizás casual —tal vez causal—, de aquellos que te regala el Universo de vez en cuando. Como profesional de la educación, formadora de docentes y educadoras, orientadores y profesorado, el texto me removió, me agitó y me interpeló profundamente. Me hizo consciente de mi propia mirada, de la necesidad de buscar su origen para entender el mundo y la relaciones con los otros y poder cuestionar la imagen que nos hemos hecho de la diversidad, de lo diferente, de aquello que percibimos como lejano, ajeno o exótico.

Esa es la primera transformación que provocó en mí este texto: conectó el encuentro con la mirada. Me devolvió mis propias preguntas, entender mi propia historia, partir de mí misma para ir hacia los otros, creando un espacio de en-cuentro que hasta el momento no había habitado.

Hacer este ejercicio de transformación significa replantearme el paradigma desde el que abordo la educación intercultural en mis clases universitarias, en el desarrollo profesional docente, en mi propia vida. Ha supuesto un decolonizar mi mirada y mis prácticas, volver la vista, escuchar al cuerpo y repensar los referentes.

Ante un texto tan poderoso y conmovedor para la formación y la transformación de profesionales de la educación, de servicios sociales y de cualquier persona que se dedique al trabajo de cuidados, la propuesta de traducirlo al castellano se hizo primero interesante y finalmente imprescindible. La obra es compleja, rica, transdisciplinar, se nutre de distintos saberes y los entreteje con delicada firmeza. Es un texto bello y sugerente, poderoso y empoderador, que escarba en nuestras raíces culturales para reconstruir nuestros vínculos.

Es un libro escrito en otro idioma, desde otro territorio, con otras tramas y urdimbres, pero que ha permitido tramar y urdir nuevas relaciones con el estudiantado y otros profesionales de la educación y enredarnos en saberes compartidos, co-construidos, situados. Hemos creado ese espacio

"

tercero de encuentro con una misma y con la otra.

Esta es la propuesta epistemológica y metodológica que la pedagoga e investigadora Rosanna Cima nos hace desde la Universidad de Verona. Su dilatada experiencia en la formación de profesionales del ámbito socioeducativo y sanitario se ha desplegado en este estudio sobre la Pedagogía del Encuentro, que nos ofrece un marco teórico y herramientas pedagógicas para partir de sí y crear ese espacio tercero de encuentro con el otro.

Es un enfoque complejo y costoso, puesto que «marca la distancia, el límite, la fatiga y la atención de estar en la bifurcación, toma conciencia de la existencia de la colonialidad del saber y de la mirada, ve la visión eurocéntrica y los legados del colonialismo».

Y ahí es donde sentimos la educación: en los intersticios, en las encrucijadas, en los lugares donde parece que no pasa nada, pero donde transitan historias que nos exceden. Educar, entonces, «se convierte en una acción excéntrica», como dirá la autora, en una «posibilidad de conocerse y hacer juntos sin tener que integrarse por ello«, sin hablar por el otro. Desde un espacio vacío, no neutral sino generativo, «de saber situado entre la vida cotidiana y la acción colectiva», que trabaja con el descarte, con la diferencia, para resignificar, negociar y recrear las relaciones y los relatos de vida.

La Pedagogía del Encuentro nos acerca a un concepto de interculturalidad crítica como proyecto educativo y político decolonial que propone revisar y desmontar la matriz colonial existente, desde una mirada transgresora de las identidades culturales, emancipadora de discursos racionales intelectualizados que desprecian otros saberes intuitivos, locales y sensoriales. Una pedagogía del cuidado y la justicia social, que «hace dialogar las diferencias en un marco de legitimidad y equidad, y crea modos «otros» de pensar, ser, estar, aprender, enseñar, soñar y vivir que cruzan fronteras» (Walsh 2013a).

Descolonizar los propios discursos de la interculturalidad desde la Pedagogía del Encuentro supone cuestionar la inferiorización, la deshumanización y la ocultación que hacemos del otro, como carente, como exótico o como similar desde modelos del déficit, desafiando las definiciones de «normalidad» de los contextos, instituciones y prácticas discapacitantes desde teorías de la acción performativa interseccional que desenmascaran las condiciones históricas y los sistemas de poder en los que se entrecruzan las identidades múltiples (Annamma 2017).

Se trata de una pedagogía encarnada y afectiva, que reconoce los cuerpos y sus existencias marcadas por relaciones de poder y propone prácticas educativas desde narrativas contrahegemónicas (Bello 2018).

Para atravesar la mirada con esta Pedagogía del Encuentro y construir nuevas narrativas, la autora nos proporciona no solo marcos epistemológicos, sino también herramientas metodológicas para la transformación. El trabajo de investigación-acción participativa desde la Universidad de Verona y el Laboratorio Saperi Situati, comparte premisas y estrategias con el que llevamos desarrollando en el grupo Mejora Educativa y Ciudadanía Crítica (MEICRI) desde la Universitat Jaume I, en los últimos quince años. Procesos de indagación colaborativa con una aproximación etnográfica que facilite la actitud de extrañamiento que haga visibles mecanismos, estrategias y rutinas y facilite ese «descentramiento» reflexivo.

Las herramientas como el *Orientarse* o la *Cartografía de la mirada institucional* son recursos poderosos para la mediación cultural y el cambio de mirada y posicionamiento de profesionales de la educación y servicios sociales ante el en-cuentro con el otro. Se acercan a las dinámicas de diagnóstico social participativo, con las que acompañamos, desde el MEICRI, los procesos de transformación escolar y comunitaria.

Entendemos, como la autora desde la Pedagogía del Encuentro, que la formación, la investigación y la transformación van de la mano. Como ella misma señala, «no se inscriben en una dinámica de posesión sino de empoderamiento mutuo, una mayéutica recíproca para una humanidad común».

Esta manera de entender la formación y la investigación democratiza la construcción del conocimiento, moviliza los distintos saberes y busca el sentido ético del quehacer educativo. El análisis crítico contextual que proporcionan estrategias como *Orientarse* o la *Cartografía de la mirada institucional* abre un diálogo en esta ecología de saberes y crea el espacio para construir nuevas narrativas encarnadas.

Relatos como el que nos comparte Fátima, que nos habla de desplazamientos, fracturas y en-cuentros, nos interpela desde su historia y territorios para situarnos como profesionales desde otro lugar, otra predisposición, otra mirada.

Este conocimiento situado desde la narración conecta la voz con la mirada. Nos hace transitar por espacios limítrofes, fronterizos, como espacios de creación. Desde ahí leemos la historia de Fátima, o los diarios de prácticas de las estudiantes italianas en Senegal o las historias maestras, que ponen en primer plano la experiencia y saberes de las mujeres, el espacio de en-cuentro con las profesionales y las investigadoras.

Como el espacio que se ha creado entre nosotras para construir esta colaboración en forma de traducción dialogada.

La narrativa, como construcción de territorios de en-cuentro, nos permite percibir los puntos ciegos y las líneas de fuga, «excavar con las uñas» y «rascar las palabras hasta la médula». Es así como aparecen mil formas, como en los arabescos, como en el arte, cuando nos permitimos ver desde otro lugar, observar nuestra propia mirada, mirar con otros ojos, a otros ojos.

Por ello, esta traducción, no es una mera traducción, ya que ni siquiera se ha traducido el texto original íntegro, sino que se ha hecho una selección y edición del texto original, pensando en el contexto profesional socioeducativo español.

Como obra referente para la formación intercultural de profesionales de la educación, su proceso de revisión y traducción se ha convertido, a su vez, en un trabajo reflexivo y colaborativo entre la autora, la traductora y yo misma, como formadora e investigadora universitaria que ha alentado y acompañado el proceso de traducción.

La traducción corre a cargo de Chiara Schiavon, artista componente del colectivo ideadestroyingmuros, cofundadora del Laboratorio Saperi Situati de la Universidad de Verona. Chiara ha tratado esta traducción como un objeto precioso, sutil y delicado, con una sensibilidad extraordinaria para observar lo infraordinario, para hacer conexiones rizomáticas.

El trayecto que hemos compartido, ha sido un inesperado camino de reflexiones, dilemas e incertidumbres compartidas. Cada una desde su territorio, experiencia vital y expectativas hemos dialogado con el texto para abrir ventanas y entre-ver juntas lo que nuestro encuentro ha propiciado, lo que la vida ha unido, la distancia que nos separa. Estas ventanas quedan abiertas en el propio libro para el lector o lectora que quiera atravesar esta traducción dialogada y habitarla desde sus propios movimientos y tránsitos.

Como lo hizo esta obra la primera vez que la leí, como la dialogo y la comparto con otros profesionales de la educación en nuestros encuentros formativos, como la hemos atravesado Rosanna, Chiara y yo en este viaje pedagógico, cultural y artístico.

El objetivo no era simplemente disponer del texto original en español, como obra de referencia para repensar la educación intercultural, sino abrir ventanas de reflexión pedagógica, cultural e incluso sociolingüística, al devenir educativo, entendido como un proceso, un desplazamiento constante, lleno de incertidumbres y dilemas como oportunidades de aprendizaje. Ciclos, círculos, espirales en movimiento que recorren toda la obra, nos mantiene en esa pedagogía nómada que nos lleva a la genealogía y nos desterritorializa para volvernos a traer al presente. El en-cuentro es esta espiral. Nunca volvemos a ser los mismos de antes, todavía no somos los que seremos. El relato no es lineal, plano, sino curvo, sinuoso, arabesco, deja pasar la luz, produce sombras.

Y seguimos teniendo preguntas: ¿De dónde viene nuestra mirada? ¿Cómo traducir el agua que fluye?

BIBLIOGRAFÍA

Annamma, Subini Ancy. 2017. *The pedagogy of pathologization: Dis/abled girls of color in the school-prison nexus*. Nueva York: Routledge.

Bello, Alanis. 2018. «Hacia una transpedagogía: reflexiones educativas para incomodar, sanar y construir comunidad». *Debate Feminista* 55: 104-128.

Walsh, Catherine (ed.). 2013. *Pedagogías decoloniales: prácticas insurgentes de resistir, (re)existir y (re)vivir*, vol. I. Quito: Editorial Abya Yala.

AUXILIADORA SALES
Universitat Jaume I

¿CÓMO TRADUCIR EL AGUA QUE FLUYE?

Sentada en la hierba, hay arena entre la tierra,
el mar no queda lejos,
Puedo sentirlo en las gaviotas y los cormoranes.
Miro el río fluir,
los venecianos lo llamaban el camino de la sal,
enfrente el sol centellea en el agua.
Es primavera.

Nace así este texto que acompaña la traducción del libro de Rosanna Cima.

Pasé el último invierno en Italia, precisamente en Roncaglia, un pueblecito donde crecí a las afueras de la ciudad de Padua, después de casi veinte años viviendo en España, principalmente en Valencia, en un cotidiano comunitario.

En este momento de gran transformación, desorientación, soledad, donde falta la tierra bajo los pies, me acompaña la traducción de este libro, y quizás no sea una casualidad. La llevo a cabo sentada en la mesa de la biblioteca municipal o en la habitación de la casa familiar.

Conozco bien tanto el contexto Véneto, donde nació el libro, como el que acogerá la edición al castellano, pero eso no basta. Los sinónimos, los traductores *online*, los diccionarios, las búsquedas filológicas y etimológicas no son suficientes para elegir las palabras adecuadas. Nos confrontamos con Rosanna y con Auxiliadora, que ha apoyado y alentado la edición castellana, haciéndonos preguntas recíprocas para entender cómo hacer que este texto cruce unos mil trescientos kilómetros, cómo moverlo de una lengua a otra, de una cultura a otra. Constatamos que quien «lee el texto traducido, como si estuviera escrito en su lengua, (...) no sabe nada de la diferencia que separa el original de la traducción»,[1] y no solo a nivel lingüístico, sino también geopolítico y cultural.

Así, decidimos añadir, además de las notas de traducción, algunas ventanas gráficas que se abren hacia el contexto de origen del texto y lo comparan con el de destino. Estarán presentes en el texto como columnas laterales para que puedan identificarse como otro espacio del texto y que pongan de relieve las diferencias inconmensurables. «Si el traductor no ha sido capaz de plasmar plenamente el texto de partida en la lengua de llegada, es porque ha tenido que enfrentarse a una diferencia ineludible [...]. Estos indicadores son la única manera de poder decir la diferencia en la lengua de destino: al margen del texto, se dice que hay un resto que no ha podido

---

1. Chiurazzi, Gaetano. 2014. «La nota del traduttore, spia della diversità» *Tradurre, pratiche teorie, strumenti 7.* https://rivistatradurre.it/la-nota-del-traduttore-spia-della-diversita/.

entrar en el texto».[2] Otras ventanas, en cambio, tendrán la función de describir el uso de herramientas de análisis relacional (orientarse, cartografía de la mirada institucional), o de profundizar en el contenido (revisar las representaciones, el modelo del robo).

Durante el proceso de traducción, al manejar las palabras y frases, intenté acercarme a ellas como a un material, mirándolas y dándoles vueltas entre las manos tratando de entender cómo transformarlas: la formación artística de la que procedo determinó este enfoque.

Cuando tenía dudas sobre la traducción de una palabra elegida por la autora, intentaba sentirla en los gestos, en el cuerpo y en el corazón, en los recuerdos y las experiencias. Por ejemplo *racchiudere*: en italiano es un verbo que contiene la palabra *chiudere* y el prefijo *ra*, en el que se fusionan los dos prefijos latinos *re-* y *ad-*, que tienen la función de intensificar, pero también de derivar algo de un estado a otro, como una semilla que encierra en sí misma la posibilidad de ser una planta.

La pedagoga podría haber utilizado otra palabra, pero esta iluminaba el sentido de la frase. En castellano elegí contener, porque me sugiere un abrazo, algo que contiene otra cosa preciosa dentro de sí. Ambas tienen dentro de su significado el sentido de cierre. Para traducir las frases he intentado seguir las normas lingüísticas, pero también sentir el ritmo sintáctico, como suena en un idioma u otro, haciendo eco en mí la voz narradora de Rosanna para el italiano y las voces de las personas que conocí durante mi estancia en València para el español, incluso cuando muchas de ellas eran argentinas, mexicanas o el español no era su lengua materna.

Walter Benjamin habla varias veces de resonancia, de una sustancia acústica que se sostiene precisamente en la posibilidad de que cada obra sea traducida.[3] «La tarea del traductor es encontrar esa intención con respecto a la lengua de llegada donde se despierte el eco del original».[4]

Me pregunto si el enfoque artístico puede ayudar a traducir ese resto inconmensurable, ese espacio de realidad entre dos lenguas, entre intención y eco, entre dos culturas y dos países que atravieso desde hace mucho tiempo. El hacer artístico afina el sentir al «ruido o la música que hace un pantalón de terciopelo acanalado, como éste, cuando nos movemos, o al calor de una silla de la que alguien acaba de levantarse».[5] El artista francés del siglo xx Marcel Duchamp lo llamaba el *infrasutil*, ese «algo que se encuentra a caballo entre lo visible y lo invisible, que aún escapa a nuestras definiciones científicas. Elegí a propósito la palabra sutil que es una palabra humana, afectiva y no una medida precisa de laboratorio. Poder percibirlo permite abrir una puerta hacia el mundo que amplifica la existencia y revela otro aspecto de la realidad sensible».[6]

Creer en lo *infrasutil*, confiar en ese sentir mágico, habitarlo, cuidarlo y tratar de traducir desde allí, requiere una escucha atenta de las pequeñas cosas, las sutilezas, los detalles.

Pina Bausch y los bailarines de su compañía durante el proceso creativo tenían especial cuidado con ellos: «… cada detalle es importante, cualquier cambio, porque cada cambio causa un efecto diferente. [...] No

---

2. Íd.

3. Palma, Massimo. 2023. «L'eco integrale. Il compito del traduttore di Walter Benjamin», Fata Morgana web. *L'ordine dei discorsi*. https://www.fatamorganaweb.it/il-compito-del-traduttore-benjamin/.

4. Benjamin, Walter. 2007. «Il compito del traduttore». Aut 334: 7. https://storiadellafilosofia.jimdofree.com/moderna/walter-benjamin/il-compito-del-traduttore/.

5. Fontaine, Claire. 2023. ««Materialismo magico, un sapere del possibile», en *Materialismo magico. Magia e rivoluzione*, ed. Stefania Consigliere. Bolonia: DeriveApprodi, Bologna 2023, 126.

6. Ibíd., p. 126.

acepto nada que no pueda creer, que no me convenza. Todo se repiensa y replantea continuamente. Cualquier detalle sufre una gran cantidad de cambios, hasta que finalmente encuentra el lugar correcto. Se necesita mucho tiempo antes de que algo empiece a fluir. Si no se presta atención hasta a la más mínima pequeñez, el trabajo va en una dirección equivocada y es muy difícil corregirlo».[7]

A menudo, los detalles, las elecciones minuciosas de las palabras, son como las migajas o guijarros blancos que guían el camino para atravesar la realidad y revelar su *infrasutil*. Arthur Rimbaud, en su poema *Ma Bohème*, sembraba rimas en lugar de guijarros o migajas para orientarse.[8]

Observándome mientras escribo este texto, yo también busco los guijarros blancos, las migas que me guíen para traducir el agua que fluye. Miro las cosas, los detalles que me rodean, y banalmente miro la mesa donde estoy sentada: una larga mesa rectangular de madera clara con seis sillas. Las mesas son objetos tan presentes en nuestra vida cotidiana, en las casas o en los despachos institucionales, que también aparecen en el libro, pero a los que nunca prestamos atención. Es un objeto de origen antiguo: «… en el mundo grecorromano se utilizaba en los ámbitos más diversos: culto, industria y comercio, vida doméstica».[9] ¿Qué puede ocurrir alrededor y sobre las mesas?

En 1981, Marina Abramović y Ulay, dos artistas que durante la Guerra Fría representaron el encuentro entre el este y el oeste, tras pasar seis meses en el desierto australiano con aborígenes, crearon la *performance Gold Found by the Artists*, que más tarde se convirtió en *Nightsea Crossing*. «Decidimos montar una pieza que justamente se trataba de eso: de no moverse, de no comer, de no hablar. [...] Nuestras experiencias con los aborígenes habían sido oro puro. Habíamos descubierto la quietud y el silencio. [...] Durante ocho horas nos sentaríamos a los extremos de una mesa en sillas que no eran ni muy cómodas, ni muy incómodas, y nos miraríamos a los ojos sin levantarnos, sin movernos. En la mesa colocamos un búmeran cubierto de oro, pepitas de oro que encontramos en el desierto y, una vez más, una serpiente viva: una pitón diamantina de un metro que se llamada Zen. La serpiente simbolizaba la vida y el mito aborigen de la Creación».[10]

Tras las ocho horas de performance, que recuerdan a las ocho horas de trabajo, pero también a una duración necesaria, cada noche la artista anotaba algo en su diario.

El 7 de julio escribió:

> Un calor extraño se metió en mi cuerpo. Logré detener los dolores en mi cabeza, cuello y columna. Ahora sé que ninguna posición es más cómoda que la otra. Incluso la posición más cómoda, tras un tiempo se vuelve intolerable. Ahora sé que sencillamente debo aceptar lo intolerable: confrontar el dolor y aceptarlo.
>
> Todo ocurrió de repente: todo inmóvil, sin dolor, solo latidos del corazón, todo se hizo luz. Este estado fue muy preciado para mí. Al salir de él había dolor y cambio. Ulay siguió cambiando. En cuestión de segundos se transformó en cientos de caras y de cuerpos, hasta que se convirtió en un espacio azul vacío rodeado de luz. Sentí que algo muy importante estaba ocurriendo. El vacío es real. Todos los demás rostros y cuerpos son tan sólo otras formas de proyección. Yo

7. Bausch, Pina. 2022. «Discorso tenuto all'Università di Bologna in occasione del conferimento della laurea honoris causa al Dams, novembre 1999». En *Pina Bausch. Una santa sui pattini a rotelle*, ed. Leonetta Bentivoglio. Florencia: Edizioni Clichy, 104.
8. Pollicino «Petit Poucet rêveur, j'égrenais dans ma course /des rimes». En https://it.wikipedia.org/wiki/Pollicino
9. Definición de mesa en la enciclopedia online italiana. https://www.treccani.it/enciclopedia/tavolo/.
10. Abramović, Marina. 2021. *Derribando muros*. Barcelona: Editorial Malpaso, 133-134.

también soy ese espacio. Esto me ayuda a no moverme.[11]

Lo que puede ocurrir en los encuentros alrededor de una mesa o mientras trabajamos tiene algo de imprevisible, algo de ritual que a menudo tiene que ver con lo invisible. Nuestra posición, la incomodidad, el dolor, el tiempo y el espacio son elementos que nos «irritan y nos invitan a mirar de una manera completamente distinta. Despiertan nuestros sentidos y nos llevan a dejar de pensar para empezar a percibir y sentir. De repente, vemos de una forma completamente nueva cosas que creíamos conocer, como si fuera la primera vez».[12]

Así que durante la traducción, mientras estaba sentada a la mesa, el contenido del libro empezó a hacerse y hacerme sentir, a cuestionar mi vida y las elecciones de palabras que hacía. Perturbó mi presente sacando a relucir episodios de encuentros con el otro, cuestiones que creía resueltas después de tantos años compartiendo el día a día con personas de orígenes diferentes y, en particular, con la comunidad sufí baye-fall senegalesa a la que pertenecen mi marido y muchos amigos. Surgieron preguntas profundas sobre mi forma de ver el mundo, lo que escucho sobre mí misma y los demás, y cómo me relato y relato a los demás.

¿Cómo traducir entonces el agua que fluye? Miro fijamente la mesa, varios nombres grabados y dedicatorias de amor, un niño canta, una niña coge prestado un libro de la biblioteca. Las preguntas revolotean en mi cabeza como mariposas, me asustan un poco. Pina Bausch, para realizar sus coreografías, utilizaba la práctica de poner las mismas preguntas que se hacía a sí misma a los bailarines, «sirven para acercarse de manera muy cauta a la temática. Es un proceso de trabajo muy abierto y al mismo tiempo muy preciso. Porque siempre sé exactamente lo que busco, pero lo sé por mi sensibilidad, no por mi cabeza. Por eso nunca se puede preguntar de manera demasiado directa. Sería demasiado grosero y las respuestas serían demasiado banales. Lo que busco no debe ser perturbado con palabras, sino que debe ser sacado a la luz con mucha paciencia. Las cosas más bellas están en la mayoría de los casos completamente ocultas. Y hay que tomarlas, cuidarlas y hacerlas crecer poco a poco».[13]

Si los detalles son elementos de la realidad, como la mesa, que nos acompañan cuando nos acercamos al espacio entre lo que ya conocemos y lo desconocido, las preguntas nos ayudan a entender cómo habitarlo, «nos llevan a experiencias que son mucho más antiguas, que no pertenecen solo a nuestra cultura y al aquí y ahora. Es como si volviera en nosotros un conocimiento que desde siempre nos pertenece, pero del que ya no somos conscientes. Nos hace recordar algo que es común a todos».[14]

Ese algo común a todos se encuentra en la inteligencia orgánica del corazón, en la poesía de la vida, en la dimensión mística de la espiritualidad, en lo *infrasutil* del arte, en el tercer espacio del encuentro y la conciencia... He intentado traducir este libro situándome en este borde, en la práctica política del atravesamiento «que nos ha hecho encontrar vacíos "inevitables" que sólo pueden resolverse mediante procesos de creación comunitaria y, por tanto, decoloniales».[15]

The Brink[16] es el nombre de una performance de Marina Abramović y Ulay que narra este tercer espacio, el borde de la realidad que se abre.

---

11. Íd.
12. Bausch, P., ob. cit., p. 108.
13. Ibíd., p. 102.
14. Ibíd., p. 110.
15. Sut, Mery. 2013. «Prácticas de atravesamiento». En *Transfeminismo. Epistemes, fricciones y flujos*. Tafalla: Txalaparta, p. 141.
16. Ulay / Marina Abramovich - Marina Abramovic / Ulay -*Two Performances and Detour*. 1979. Catálogo. Adelaide: Ed. Experimental Art Foundation. https://www.arengario.it/opera/two-performances-and-detour/.

Diez días después de aterrizar en Australia, nos llegó una idea muy sencilla y hermosa. Después de todo, habíamos viajado al otro lado del mundo, donde las estaciones se invertían y la luz era diferente, por lo que deseábamos realizar algo con la luz y la sombra. El resultado fue la performance llamada *The Brink*. En ella, Ulay caminaba lentamente de un lado a otro sobre un muro alto del jardín de esculturas de la Art Gallery of New South Wales. Del otro lado del muro había una carretera muy transitada. Mientras él andaba, con el peligro real de caerse, yo caminaba por el borde de la sombra del muro en el jardín de abajo, en un peligro metafórico. Mientras tanto, la sombra se arrastraba muy lentamente por el jardín; hasta que precisamente tras cuatro horas y quince minutos, cuando ya no había ninguna porción del espacio iluminada, la *performance* terminaba.[17]

Los dos *performers* iban vestidos con dos monos iguales en la forma, pero de color opuesto, Ulay negro y Marina Abramović blanco. Sus sombras, como las lenguas, se acercaban, se encontraban, se superponían y se alejaban en direcciones opuestas a lo largo del borde del muro, dependiendo del ritmo de sus pasos y del sol. Pero en la realidad concreta los cuerpos estaban siempre distantes. El encuentro tenía lugar sólo unos instantes en la dimensión poética e *infrasutil*.

De la misma forma, durante la traducción de este libro, las lenguas han mantenido sus diferencias, a menudo insalvables, como Marina y Ulay caminando en dimensiones diferentes, verticalidad-horizontalidad, muro-sombra, y se han encontrado solamente unos momentos. «La traducción toca el original de pasada y solo en el punto infinitamente pequeño del sentido para continuar luego por su camino según la ley de la fidelidad en la libertad del movimiento lingüístico».[18]

Volviendo a la pregunta que titula esta reflexión sobre la traducción: ¿Cómo traducir el agua que fluye? si las orillas son los contextos de las lenguas, la original y la de llegada, ¿cómo se traduce lo que está en el medio? Las preguntas iluminan de por sí algo que antes no habíamos visto, pero que nuestro sentir había intuido: la existencia de un espacio de sentido que va más allá de las diversas orillas. Emerge la intención, el tiempo, el estar y el fluir. La atención prolongada en las dos lenguas permite que afloren detalles que nos guiarán para expresar de la mejor manera posible esa transición entre una y otra, y sumergirnos en el agua nos permitirá sentir juntos cuerpo, agua y orillas, aunque sean distantes.

Chiara Schiavon
Colectivo ideadestroyingmuros
Laboratorio Saperi Situati, Universidad de Verona

---

17. Abramović, M., ob. cit., p. 121.
18. Benjamin, W., ob. cit., p. 10. https://storiadellafilosofia.jimdofree.com/moderna/walter-benjamin/il-compito-del-traduttore/.

Los lugares de la mirada

¿DÓNDE SE ORIGINA MI MIRADA?

El libro está impulsado por el deseo de recorrer la trayectoria de la mirada cuando se cuida, se enseña, se educa: en estos trabajos observar al otro es un acto imprescindible. Los contextos educativos se caracterizan por diferentes alteridades y diversidades, por lo que considero que encontrar el modo en que nuestra mirada se posiciona en ellas puede ser como una «materia prima» de la que partir.

Atravesar la mirada es volver a recorrer un itinerario que cruza diferentes lugares distribuidos en distintos espacios geográficos y temporales, hasta llegar a las realidades de los servicios educativos y sociosanitarios. He deseado adentrarme en estudios que no pertenecen a la disciplina pedagógica, aunque estén emparentados con ella, como los textos que hablan de arte o de historia cultural. Un camino arduo y complejo, posible solo si se asume la parcialidad de la posición desde la que se mira, es decir, situándose en el plano de la experiencia de estar *aquí*, delineando un límite, una frontera. Desde el límite tomo la palabra.

Atravesar es la acción de la mirada que toma cuerpo y se mueve hacia la búsqueda de un horizonte de posibilidades de encuentro con las alteridades y las singularidades que cada uno y cada una trae consigo. El ritmo de esta travesía se asemeja más al de un salto que al de un camino rectilíneo, puesto que se inspira en la convicción de que el encuentro con lo que es otro *absolutus* (libre de toda comparación, desligado de ataduras y reconocimientos), es posible si nos dejamos sorprender, si practicamos el asombro, si el excedente, el descarte se convierte en fuerza creadora.

La mirada está fuertemente conectada al encuentro, una experiencia que cada cual realiza en la vida, a menudo con esfuerzo y riesgo. El encuentro es un partir *de sí*, para ir hacia; un trabajo cotidiano, laborioso, que se realiza en el hogar, en los vecindarios, en los servicios socioeducativos, en las plazas, para aprender formas relacionales y de entendimiento nuevas para una convivencia posible.

Podemos vivir el encuentro si nos situamos en una mirada de proximidad. Conocer de dónde viene la propia mirada es un primer encuentro de proximidad con el límite, una postura que permite observar la experiencia cuando se está cerca de otros estilos de vida y de otras personas. Este encuentro exige un salto de libertad.

La mirada y el encuentro son dos grandes temas que comprometen a cada persona, en este libro se ponen en relación con las diferencias, en particular las que provocan un choque, una conmoción, una desorientación. Verlas y habitarlas puede ayudar a no caer en el «racismo democrático» (Faso 2008).

Observar la mirada, de dónde proviene y al mismo tiempo transmitir curiosidad, apertura y asombro es el aspecto emocional que ha acompañado la redacción de esta obra. El salto recuerda los juegos de la infancia, las volteretas, la cabeza abajo, el vértigo, los cuerpos que se mueven y exploran el mundo, mirándolo con el asombro de lo inesperado. Esta es la postura que siento haber vivido durante mis años de investigación y escritura. Un tiempo largo que no empieza ni termina en este ensayo.

Volver a recorrer los orígenes de la mirada tiene que ver también con transgredir, que significa atreverse a cruzar otros espacios disciplinares, con mi mirada inexperta y deseosa de vislumbrar conexiones, incluso, excéntricas. Me he dejado llevar por la historia del arte, la historia cultural y crítica de lo que se llama la conquista del «Nuevo Mundo». Mis compañeras han sido, por un lado, aquella antropología que toca el problema de la escritura como auto-etnografía encarnada (Esteban 2004a, Alga 2018) y, por otro lado, la escritura sobre el otro, al que contempla también en su parte de misterio, la parte sagrada del encuentro (Certeau 2000, 2007). Me acompaña el pensamiento del feminismo de la diferencia, que ha orientado mi posicionamiento como mujer (Zamboni 1994, Putino 1998, Muraro 1996). Me ha guiado la frescura de una pedagogía radical y militante, que se atreve a repensarse incluso desde los pies, subvirtiendo la perspectiva lineal de la observación, raspando las palabras hasta la médula, viendo las cosas desde otro lado (me refiero a Freire 2002, Illich 2009, Milani 2007, Walsh 2013b).

Relacionar distintos planos del discurso, hacer saltos entre disciplinas es como adentrarse en los claroscuros de un arabesco, las formas aparecen gradualmente en cuanto el ojo se abandona a los llenos y a los vacíos y renuncia a la definición. Entonces múltiples formas aparecen y la trama nos sorprende. Una andadura que me permite adentrarme en una necesidad: encontrar lo que corresponde al encuentro, antes y más allá de lo multicultural, intercultural y transcultural.

De este modo, un camino desde el que partir, entre muchos posibles, ha sido interrogar y poner en crisis los discursos y las categorías con las que se «objetiviza» al otro y su mundo (Bourdieu 2003). Dedicar tiempo a la reflexión y al análisis que «objetiviza» la propia mirada permite abrir *otro espacio*, un *espacio tercero, no neutro, vacío, generativo* (Zambrano 2003).

No se trata de una forma narcisista o de un repliegue sobre uno mismo, sino de recordar, recordar las herencias de una mirada colectiva y de dónde provienen. La apuesta final es volver a significar el encuentro, con uno mismo y con el otro, fuera de todas las retóricas que conocemos y que continuamente se repiten en los discursos públicos.

Este libro dibuja un espacio narrativo con forma circular, una especie de espiral, en el que las asimetrías (norte-sur, blanco-negro, mujer-hombre, objetivo-subjetivo, naturaleza-cultura) se exponen y dialogan, con el fin de habitar un lugar de encuentro generativo donde la palabra puede ser revitalizadora.

El *en* y el *contra*, el *en-cuentro*, lleva la des-medida de las diferencias propias y de los otros, a veces es desorientador, muestra el no-lleno o el demasiado-lleno, a veces permite pensamientos más libres. Hablar de la mirada requiere, en primer lugar, entender la cultura visual en la que estamos posicionados y estar dispuestos a aceptar el cansancio y el límite. Al producirse este primer encuentro pueden abrirse otros horizontes. Este libro ha sido posible gracias a los numerosos encuentros que han tenido lugar en contextos diferentes, entre ellos las y los antepasados de la familia, la universidad, las amigas, el Sahel senegalés y la organización no gubernamental Villageois de N'Dem, la comunidad filosófica Diotima de Verona.

Estoy profundamente agradecida a Abū 'Alī al-Ḥasan ibn al-Ḥasan ibn al-Haytham conocido como Alhacén, Ananda K. Coomaraswamy, Erwin Panofsky, Franz Fanon, Paulo Freire, Ivan Illich, Hans Belting, Tzevetan Todorov, Aminata Traoré, Margarita Zamora, Donna Haraway. Encuentros (im) posibles que marcan las páginas de este libro.

El primer capítulo aborda brevemente la historia cultural de la mirada a través de un *intercambio de miradas* narrado por las voces de estudiosos del arte pictórico y la arquitectura (Belting 2010, Coomaraswamy 1975, Panofsky 1962, 1966, 1984). ¿Qué historia de la mirada puede reconstruirse en relación con el trabajo educativo y asistencial? ¿Qué es lo que domina la mirada cuando se observa a alguien o algo que se percibe como diferente, que excede lo «convencional»? ¿De qué material están hechas esas gafas que filtran lo que observamos de la realidad? ¿Qué pretensión de conocimiento y de construcción del saber subyace?

En estas páginas, la mirada es considerada un *lugar, un objeto operativo, personal y colectivo*, que contribuye a construir y reconstruir continuamente el encuentro con el otro distinto a uno mismo. Si damos a la mirada no solo una materialidad física y cultural, sino también una materialidad geográfica, una cartografía histórica y relacional (Todorov 1984, Zamora 1993), la podemos tratar como una superfice, una «*super-facies*» de nuestro cuerpo emocional, colectivo y personal (Bruno 2016).

Desde hace más de 30 años la pedagogía intercultural ha puesto en el centro de su reflexión los temas de la relación con el otro y del encuentro; destacando los riesgos de las «buenas intenciones», se han propuesto prácticas de investigación y de acción para contrarrestar la estandarización de un único modelo de conocimiento y de relación con el otro (Cambi 2012, Fiorucci 2011, Santerini 2017, Zoletto 2012, Burgio 2022).

Descubrir cuáles son los legados de una mirada eurocéntrica implica trazar un punto de observación que cuestiona la construcción de estos saberes. Las pedagogías decoloniales son las que ofrecen puntos de vista para observar el mundo con horizontes enraizados en las lenguas de los lugares, en los saberes fundacionales de las comunidades.

Este es el tema del segundo capítulo, dedicado a profundizar en las pedagogías provenientes del pensamiento latinoamericano (Walsh 2013b, Quijano 2007) y en la invitación a descolonizar las mentes (Thiongo 2017).

Estas pedagogías contribuyen a la construcción de políticas «del lugar» y «prácticas en el lugar». Se proponen pensar la dimensión pedagógica a través de la recuperación y reactivación de la narración de las historias orales, sin seguir la lógica de separación entre teoría y práctica, ya obsoleta, óptica binaria todavía practicada en las universidades italianas. En las pedagogías decoloniales la memoria colectiva es concebida como un espacio entre las generaciones, un saber que lleva a renovar un compromiso de convivencia. Al ser *europeos* la confrontación con las pedagogías decoloniales no es tan lineal, no se trata de «acogerlas» o «incluir» algunas páginas en los libros. El gesto consiste en mantenerse en la contradicción que supone mi posición de «privilegio» (soy una investigadora universitaria, del norte de Italia, blanca...) y aprender, con las otras, a pensar a través de la decolonialidad, consciente de que la colonialidad sigue siendo el lado oscuro de mi pensamiento, con el que tengo que lidiar.

Conocer la dimensión geopolítica de los territorios de origen de las personas hoy consideradas «excluidas», «marginadas», «solicitantes de asilo», «clandestinas», «inmigrantes» ofrece un horizonte diferente a los escenarios presentados en las pantallas y, más en general, por los medios de comunicación. Observar juntos estas pedagogías implica aprender a ver las cosas con otra voz, comprender que los «diferentes aquí», desde el que se toma la palabra, pueden construir otra narrativa indispensable hoy en los lugares de educación y de cuidados. El relato de Fátima Oviedo Lebro que concluye el capítulo es un ejemplo.

La pedagogía del encuentro que esbozo en el tercer capítulo entrelaza experiencias cotidianas y horizontes del pensamiento del feminismo de la diferencia (Diotima 1996). El encuentro requiere un arraigo móvil, una excentricidad que admite el límite. Es uno de los temas particularmente apreciados por la pedagogía intercultural y ha sido investigado con mayor amplitud por pedagogos y filósofos, pero cuando el encuentro se concreta en las relaciones educativas, sigue exigiendo ser revisitado, relatado, practicado en formas que no pueden ser «planificadas» antes y fuera de las situaciones. En el día a día de los servicios socioeducativos hay cada vez más «casos difíciles y pesados», como afirman los que se dedican al trabajo de cuidados. Expresar los resultados del propio trabajo con «casos crónicos y sin resolver», el «dar mucho sin resultados», pone de manifiesto una gran inversión por parte de las profesionales frente a un sentimiento de fracaso. Repensar el encuentro como un arte del estar con los cuerpos en los contextos relacionales, significa distanciarse de la lógica comparativa y de la estrategia intelectual de reconocer en uno lo que le falta al otro. El encuentro nunca es neutro y no se da en un espacio neutro, sino que es una postura orientadora, para escapar del abatimiento de la productividad, del eficientismo y del poder como predominio (Milan 1994, Rossi 2003, Cambi 2012). Desde un enfoque radical de la pedagogía, que solo puede darse si se encarna, el encuentro es inseparable de la vida e inconmensurablemente indescriptible si no es a través de la experiencia.

La fuerza semántica de *en* y *contra* nos empuja a encontrar esa *movilidad de mirada y pensamiento como raíz,* para poner *orden entre lo impuesto y lo posible,* desbloqueando la antinomia entre verdadero/falso hacia lo que está naciendo (Putino 1998). *En,* como interior y en torno, *contra,* como choque, despertar y sorpresa, llevan a transgredir las formas lineales y pre-vistas del trabajo educativo. Es una manera de actuar que puede expandirse y que, figurativamente, adopta formas circulares. En una línea curva se construye el espacio relacional, el *entre* del *en-cuentro.* Una línea curva permite conservar esa parte de «no visible» del otro y de uno mismo, garante de un espacio que se hace no lleno y se abre a una libertad de visión. El *en-cuentro* hace visible lo conocido de forma diferente, es un proceso que pasa por la toma de conciencia de un *etnocentrismo excéntrico.* Toma de conciencia encarnada, esta que ocurre cuando se tocan los propios límites y somos tocados por las diferencias del otro. Estas se nos presentan como una distancia, un vacío que no se puede llenar, un excedente que encuentra un lugar en la proximidad de la existencia. Hay entonces una revelación de aspectos desconocidos de nuestros orígenes comunes y personales, de aperturas en el presente hacia posibles futuros. El encuentro es también perder de vista el objetivo, cerrar los ojos, quedarse en el no ver y no saber. También esto forma parte del en-cuentro.

El último capítulo está dedicado a la narración como una acción estrechamente ligada a la mirada, las palabras pueden mostrar de diferentes maneras los mismos hechos y situaciones que se observan o se viven. Pero hay que dar un salto para que se llegue a una narración transformadora respecto al ya dado. El salto en el movimiento transformador es posible gracias al relato que encuentra el sentido de estar en un lugar, por ejemplo, ayuda a los profesionales a recuperar la esencia de sus elecciones en el trabajo de cuidados. Las historias maestras narradas por una *experta en experiencia* o construidas junto a profesionales e investigadoras constelan un recorrido de formación-investigación-acción-participativa desarrollado en el Véneto.[19]

---

19. El Véneto es una región del noreste italiano, cuya capital es Venecia, y es considerada una de las más ricas del país. La estabilización de familias con una historia de migración en el territorio véneto es un hecho relevante, tanto para la mano de obra como para la presencia en las escuelas de niños y niñas; de hecho, el Véneto es la tercera región en número de alumnos con ciudadanía no italiana.

La cuestión del género

En el texto no hemos adoptado un lenguaje de la *igualdad* que requiere la inserción del doble artículo y del doble nombre, por ejemplo el/la educador/educadora, ya que haría más pesada la lectura; ni siquiera hemos optado por el signo * al final de los sustantivos que indican los sujetos, escribiendo, por ejemplo, tod*s, usuari*s, para indicar indistintamente el masculino y el femenino. Desde nuestro punto de vista, un signo que no distingue entre el uno y la otra conduce a una escritura que no da visibilidad a la primera gran diferencia que es precisamente la diferencia sexual.

En algunas partes del texto, cuando hablamos de formación, cuidado y educación, optamos por el uso del femenino para indicar el grupo que investiga o trabaja, al ser mayoritariamente compuesto por mujeres, contrastando así la regla gramatical según la cual es necesario un solo elemento masculino para modificar el género del plural. La cuestión de cómo indicar los sujetos del mundo educativo nos ha planteado muchos

La historia maestra, así como otros dos instrumentos presentados (orientarse y cartografía de la mirada institucional), ayudan a orientar la mirada de los profesionales. El dar voz al contexto laboral en una investigación ha abierto la narración de los saberes del cuerpo y de las emociones como contribuciones principales a la comprensión de las vivencias y al conocimiento de las prácticas implementadas (Iori 2006). El método de investigación que ha hecho visibles las historias maestras de las mujeres usuarias de los servicios socioeducativos considera a todos los sujetos implicados como artífices de conocimientos que nacen de las experiencias elaboradas juntas: las profesionales, las instituciones, las investigadoras y las mismas usuarias. Es un método de investigación encarnado y radical que sigue el ritmo de las vidas y que se ha construido en varios lugares.

Normalmente la investigación es orientada por el grupo con el que se trabaja y al mismo tiempo lo orienta, requiere un cambio de mirada, un esfuerzo, pero prepara el espacio al pensamiento, teje una red de preguntas que enriquecen el conocimiento recíproco. Situar la propia mirada en un espacio circular y de en-cuentro ofrece a los profesionales la posibilidad de nombrar las prácticas de cuidados que llevan a cabo y hacerlas visibles al mundo profesional. La práctica de partir de sí, de la lágrima pensante, de la desinstitucionalización, la práctica de las emociones geopolíticas son algunas de ellas, nombrarlas es darse cuenta y subrayar su peso y valor respecto al estándar de los protocolos.

Nuestros dos ojos están en constante movimiento, y el campo visual tiene una forma esferoidal, la imagen retiniana que se forma en nuestro ojo no tiene una superficie plana sino cóncava, por eso vemos el horizonte circular. Independientemente de cualquier interpretación psicológica y del movimiento de la mirada, la condición física de nuestros ojos nos muestra el mundo en forma de círculo. La intención narrativa que caracteriza el libro quiere asumir una forma circular y abierta, donde el tema de la mirada vuelve varias veces bajo diferentes luces.

SITUAR LA MIRADA

Aún no sabía, el día anterior,
que los ojos son manos milagrosas,
nunca había disfrutado del delicado tacto de la córnea, de las pestañas,
las manos más poderosas, esas manos que tocan
imponderablemente
los aquí cercanos y lejanos.
No sabía que los ojos son los labios en los labios de Dios.

HÉLÈNE CIXOUS
«Savoir» en H. Cixous, J. Derrida, *Voiles*, Galilée, París, 1988 p. 16

Observar ha sido desde siempre un tema cuestionado por varias disciplinas y las tecnologías que han crecido en torno a esta función del ojo se han multiplicado exponencialmente. Si pensamos en nuestro cuerpo, podemos recordar la radiología, la ecografía, la endoscopia.[20] En la reproducción de imágenes, los inventos no dejan de evolucionar hasta llegar al procesamiento virtual-real en 3D, ecografías en 4D y más allá. Con estos instrumentos se ha construido la percepción visual del mundo que, a su vez, ha condicionado la forma de observar.

La observación es un tema apreciado por la investigación psicoanalítica que ha puesto en el centro del acto la relación sujeto-objeto-mundo. Esto ha llevado a tener conciencia de que el objeto real de la investigación cognoscitiva es la experiencia que cada persona tiene de los fenómenos, de lo que se deduce que en ninguna observación se da nada por *hecho*. Los datos son el resultado de un encuentro, de la relación entre quien observa y quien es observado, entre estos y el contexto de las lenguas y de las culturas de que cada uno es portador. Ver no es simplemente el producto de un sentido, un tipo de sensorialidad, es mucho más (Messetti 2010). El ojo y la mirada no coinciden.[21]

---

20. Señalo dos textos que analizan la función de observar en el campo médico y, en particular, en el cuerpo de las mujeres: Duden, Barbara. 1994. *Il corpo della donna come luogo pubblico*, Turín: Bollati Boringhieri; Gallelli Rosa. *Il corpo delle donne e le tecnologie visuali. Insegnare l'arte della rappresentazione*, in Cagnolati Antonella, Pinto Minerva Franca y Ulivieri Simonetta. 2013. *Le frontiere del corpo. Mutamenti e metamorfosi*, Edizioni ETS, Pisa.

21. No se aborda aquí el tema de la mirada y el ojo desde un punto de vista fenomenológico y psicoanalítico. Para más información, véase: Merleau-Ponty, Maurice. 2003. *Il visibile e l'invisibile*. Milán: Bompiani. Merleau-Ponty, Maurice. 1978. *Fenomenologia della percezione*. Milán: Il Saggiatore. Lacan, Jaques. 1978. *Il seminario. Libro I*, Turín: Einaudi.

Si bien la mirada ha sido objeto de estudio en la historia de la pedagogía, resulta menos tratada en el campo educativo y en la pedagogía social (Giallongo 1995).

¿Dónde se posiciona la mirada? ¿Qué se quiere ver? ¿Qué domina la mirada cuando se observa a alguien que se percibe como diferente, que excede el «comportamiento convencional»? ¿De qué material están hechas esas gafas filtrantes, como las denomina Danilo Dolci, con las que observamos la realidad? ¿Qué pretensión (o dominio) del conocimiento y de la construcción del conocimiento está implícita en ellas?

Mientras que el ojo es visible, la mirada no puede ser vista; por el contrario, la propia mirada solo se hace perceptible cuando se representa al otro. La mirada que se posa sobre el otro siempre vuelve a la persona que la realiza: no solo vemos al otro y somos vistos, sino que la cualidad de la mirada, vuelve a nosotros (Certeau 2005). La experiencia de la mirada recrea lo observado, ya que hay una sensibilidad natural, un hábito de ver, porque el que mira tiene su peculiar «equipamiento cultural» (Panofsky 1962, 19). Con estas breves premisas podemos decir que la mirada es una de las *condiciones* del encuentro.

La pedagogía intercultural, desde hace más de 30 años, ha puesto en el centro de su reflexión los temas de la relación con el otro y las competencias interculturales. Enfatizando en el riesgo de las «buenas intenciones», proponen prácticas de investigación y acción para contrarrestar la homogeneización a un único modelo de conocimiento y relación con el otro (Fiorucci 2011, Portera 2013, Santerini 2017, Zoletto 2012). Estas posiciones pedagógicas indican un camino viable y abren la pregunta de fondo: ¿cómo es posible estar en una relación de encuentro y de conocimiento con el otro si el punto de partida solo puede ser la propia mirada? Si el lugar de observación desde el que se desea un descentramiento es uno y único, ¿es factible tal descentramiento? ¿O es necesario repensar los gestos y el léxico de este movimiento?

La mirada es personal, única e irrepetible, sin embargo, comparte un punto de vista colectivo, culturalmente construido y construible. Se posa sobre la superficie de las cosas y lee en ellas una forma, crea significados. Es uno de los sentidos de la distancia, como el oído, especialmente considerado por la pedagogía y la psicología. A menudo se educa la observación como si la vista fuera un sentido ubicado en contextos neutros, asépticos, realizada por un sujeto neutro. En nuestro discurso, en cambio, *la mirada es considerada como un lugar, un contexto,* que viene *de un cuerpo sexuado,* una especie de *texto personal y colectivo que contribuye a construir* (y continuamente reconstruir) *el imaginario y la imaginación.*

En las páginas siguientes esbozo cómo se formó la idea de la mirada, consciente de que esta misma escritura también es portadora de una mirada. La intención es plantear una *restitución de la mirada,* como en un juego de espejos, *útil para observar y restablecer el posicionamiento desde el que se habla en los contextos multiculturales de la investigación y del trabajo educativo y de cuidado.*

INTERCAMBIO DE MIRADAS

Jamila tenía una escoliosis, se habría convertido en una planta toda torcida si las maestras no hubieran avisado a tiempo a los padres. Su padre la cuidó y un buen ortopedista la acompañó en su crecimiento. Era una niña responsable, en casa cuidaba de sus dos hermanos pequeños, sería una mujer educada y fiable. Se podría decir una niña *hecha y derecha*.

El padre hacía todo lo posible para dar a sus hijos lo que él no había tenido. El trabajo era su seguridad y también permitía una vida más cómoda a la familia en el país de origen. La madre de Jamila se empeñaba en no olvidar de dónde venía. Le decía: «Cuando estás fuera de casa, si eres educada, tus ojos deben mirar hacia abajo». Jamila era rica, llevaba consigo tres idiomas, mientras aprendía el cuarto, el italiano. En segundo de primaria se reunía cada quince días con una psicóloga, porque la consideraban una niña difícil: no miraba a la cara al profesor ni a la educadora con la que, fuera del aula, recuperaba su retraso en el aprendizaje del italiano. A nadie le importaban las otras tres lenguas con las que había crecido. A nadie le importaba la estructura que la sostenía.

Con paciencia y constancia, el corrector de postura ortopédico enderezó su curva y Jamila mostró su altura. Durante más de cinco años nadie se preguntó por sus buenos modales, por los que había ajustado su forma de mirar (no está bien que un niño mire a un adulto a los ojos, sobre todo si es una persona de cierta importancia) y su forma de estar en la clase no tuvo voz. Tampoco la mirada de los expertos que la habían diagnosticado fue cuestionada.[22]

¿De dónde procede la mirada que observa a Jamila? ¿Y la mirada que escribe la historia de Jamila? Las preguntas nos sitúan en otra parte, orientan la vista hacia lo que no se ve, pero se percibe, cuando se representa al otro: la mirada. Cuando nos situamos fuera del hábito de observar al otro, la mirada sobre el otro le devuelve a la persona que la realiza una medida diferente: uno es visto y quien observa «se ve» a sí mismo, pero, sobre todo, es la calidad de la mirada lo que se nos hace evidente (Certeau 2000). Aunque implica una experiencia incómoda, observar la mirada permite captar el peculiar «equipamiento cultural» que la guía (Panofsky 1962, 19). Como ya dijimos previamente, la mirada es una de las *condiciones* del encuentro.

---

22. El extracto procede de las breves narraciones incluidas en mi diario de campo de marzo de 2013, durante la investigación METESS (Dispositivos Pedagógicos en la Mediación Etnoclínica aplicada a los Servicios Educativos Sociales y Sanitarios 2009-2014). La investigación incluía una parte empírica en la que las investigadoras participaban en reuniones con profesionales y familias. Se trataba de estudiar algunas situaciones infantiles en «jaque escolar», tanto en la escuela primaria como en la secundaria de primer grado. Participaron los servicios de tutela infantil, neuropsiquiatría infantil, el centro de salud mental, los institutos inclusivos y los servicios sociales del ámbito 10 de la provincia de Brescia.

Cuando las diferencias no son aplanadas por conocimientos ya dados o por intenciones de presunta igualdad, sino que nos cuestionamos de forma radical, la búsqueda de respuestas puede dejarnos una *sensación de desconcierto* (Cima 2005). El desconcierto es un sentido precioso que nos recuerda que debemos desplazar nuestra atención hacia un *antes de la mirada* y nos incita a preguntarnos, *¿de dónde viene nuestra mirada? ¿Desde qué cuerpo se observa? ¿Desde qué lugar cultural, político, económico, social y geográfico se observa?* Al intentar una respuesta, podemos revisar los puntos de vista del observa(do)r y, al mismo tiempo, dar atención y cariño[23] tanto al que observa como al que es observado. Lejos de la idea de agotar en las respuestas estas antiguas preguntas, aprovecho la historia de Jamila, su madre y las profesionales para introducir un estudio histórico y artístico en torno a la mirada y al encuentro entre lenguas y culturas diferentes.

¿Cómo se construyó la mirada? Dibujarla (y no definirla) es una elección semántica apoyada en el hecho de que la mirada es invisible a sí misma, pero es posible representarla a través de otras miradas. Para abordar estas cuestiones, elijo el camino del arte figurativo y me inspiro en la vida de Ananda Kentish Coomaraswamy, un renombrado estudioso del arte oriental, que describe el arte como una lengua visual, cuyo propósito es comunicar un mensaje de forma eficaz y afectiva.[24] Las obras de este estudioso se sitúan en un contexto histórico y geopolítico muy diferente del lugar y el momento en el que tomo la palabra, y sin embargo son una referencia importante como precursoras del pensamiento decolonial. Desde su nacimiento, su vida se ve desafiada por estar entre varios mundos (padre hindú y madre inglesa), por sus desplazamientos geográficos y por sus estudios filológicos en varias lenguas. Considerado el mayor estudioso del arte indio, su investigación ha profundizado sobre la función del arte en la sociedad. Sobre todo, examinó a fondo la relación entre esta cultura y la occidental, así como del arte islámico y de Oriente Medio. Moviéndose en el campo del arte, aborda el tema de las relaciones interculturales. Coomaraswamy aporta un pensamiento que no solo se sitúa en el *logos* occidental, sino que la suya es una hermenéutica que interroga su propio etnocentrismo y, por tanto, también el nuestro. Declara que los sistemas educativos (Coomaraswamy 1975, 23-25):

---

23. En italiano la palabra *riguardo* (traducido al castellano como 'prestar, dar atención y cariño') mantiene el verbo *mirar*, en italiano *guardare* y está compuesta por el prefijo *ri* que puesto delante de un verbo significa realizar una acción varias veces. En nuestro caso, quiere decir prestar cuidado, atención, respeto, consideración. La frase «Tener consideración por quien observa y por quien es observado» subraya con atención y cuidado una y otra vez no solo a la persona «objeto de los cuidados educativos», sino también a quien los ofrece, es decir, la profesional (N. de la trad.).

24 El pensamiento de Coosmarawamy (Sri Lanka 1877-1947) es articulado y complejo y aunque no sea posible resumirlo en pocas palabras, me permito recoger algunas de las imágenes que nos ofrece: el arte es un bien que constituye el fundamento de la artesanía y de la ciencia, enseña a sacar en cada cosa lo bueno de los seres humanos. No es un factor sentimental o estético, es un bien físico y metafísico. Doy las gracias a Giannina Longobardi porque hace diez años, cuando empecé a interesarme por los caminos de la mirada y del arte, me sugirió que estudiara sus textos.

Deberían desarrollarse desde el interior de la cultura de cada pueblo: pero el educador occidental sabe poco de estas culturas y le importa aún menos [...] existe, de hecho, el peligro inminente de creerse investidos de una «misión civilizadora» [...] hay una intolerancia sectaria que no sabe aceptar ninguna sabiduría que no sea de su época y de su género o producida por sus propios cálculos pragmáticos.

Sus estudios se consideran, sobre todo los últimos, desde 1935 hasta 1947, precursores del pensamiento poscolonial y decolonial. Muchos de sus escritos denuncian las prevaricaciones de los países coloniales y proponen pensamientos y actitudes para nuevas relaciones entre las diferencias. La suya es una obra compleja, profunda, espiritual, inmersa en lo cotidiano, de denuncia y que abre posibilidades de encuentro. En 1934, en el ensayo *Am I My Brother's Keeper?* escribe que las brutalidades impuestas por el colonialismo solo podrían haber sido «expiadas» con «el arrepentimiento», la retractación y la restitución. Esta última es virtualmente imposible, «la secuoya talada no puede ponerse en pie» (Coomaraswamy 1975, 26):

> Vuestra supuesta «misión civilizadora» no es más que una forma de megalomanía para nosotros. Lo que sea que tengamos que aprender de vosotros, os lo pediremos en cuanto tengamos la necesidad. Al mismo tiempo, si decidís visitarnos, seréis nuestros huéspedes bienvenidos y si alguna de nuestras cualidades despierta vuestra admiración, os diremos: «Es vuestra».

Ya no es posible tener solo unas referencias geográficas como Oriente y Occidente, el colonialismo ha cumplido su propósito a través de la «globalización». Sin embargo, los dos términos delinean una marcada frontera geopolítica. Coomaraswamy me ha guiado en la lectura de la historia de la mirada que Hans Belting (2010) propone en su libro *Florencia y Bagdad. Una historia de la mirada entre Oriente y Occidente*. De esta obra me interesa investigar la mirada a partir de la cual toma forma la representación artística de lo observado. Al fin y al cabo, el mundo del arte nos ayuda a entender *desde el principio* el recorrido de la mirada que utilizamos cada día cuando observamos al otro. *Desde el principio* no se entiende en un sentido cronológico, sino como algo que está *en* el principio, como una memoria encarnada que existe en origen, fuera de un tiempo histórico y dentro de la mirada de cada uno y cada una.

Al hacer visibles los puntos de vista que normalmente se dan por sentado, me gustaría investigar la «cultura de la mirada» que nos es geográficamente más cercana y que ha contribuido a construir *el* punto de observación. Quisiera que se dibujara, a través de la lectura de estas páginas, una escena que está en el fondo de la propia mirada y de la propia memoria, *una historia que nos corresponde,* aunque no seamos plenamente conscientes de ella. Y que se coloca aquí, en el presente, donde se «observa al otro». Recorrerla puede ayudar a plantearnos algunas preguntas sobre cómo observamos, cómo construimos el saber y, en parte, también nos dice algo sobre «quién somos». Puede hacernos más conscientes de nuestros comportamientos tanto cuando sentimos el *desconcierto* ante las diferencias del otro, como cuando creemos comprenderlo todo.

Emprender un viaje, a través del libro de Belting, a la historia de la mirada en dos «culturas» contiguas, Oriente Medio y Occidente, permite hacer visible un rastro que no solemos tener en cuenta. Su obra nos ofrece una conciencia histórico-artístico-cultural que contribuye a mostrar la complejidad simbólica intrínseca a todo tipo de proceso representativo. Hablar de la mirada es, inevitablemente, ocuparse también del contrastado, largo y complejo discurso de la relación entre experiencia visual y conocimiento, entre trabajo educativo y «observación», «evaluación» y acompañamiento de las personas beneficiarias de los servicios socioeducativos. Solo aparentemente distantes, el arte y la educación son, en cambio, compañeras de este viaje.[25]

Belting nos ayuda a ver una mirada *fabricada socialmente* en diferentes lugares y en diferentes momentos, a través del estudio de los efectos producidos por los contactos entre diferentes saberes. Me detengo especialmente en los aspectos que considero útiles para trazar las conexiones con el ver y el observar, acciones que impregnan el mundo educativo y de los cuidados. El historiador no habla de la mirada que «dos culturas intercambian *entre* sí, sino de la mirada que nosotros intercambiamos *sobre* ellas» (Belting 2010, 15). El trabajo de Belting se basa en un «intercambio de miradas» que difieren en el tiempo y en el espacio, no habla de diferencias o influencias de una u otra cultura, como haría una mirada de tipo colonial. Él quiere explicar (Belting 2010, 14):

> Cómo [...] la teoría árabe de la visión, con su abstracción geométrica, en Occidente pudo ser replanteada, contra su verdadero significado, en una teoría de la imagen que hace de la mirada humana el eje de toda percepción y la comprende en imágenes, es decir que pretende realizar lo que en fotografía denominamos «imágenes analógicas».

Me interesa rastrear qué ocurre con la mirada en un pasaje cultural preciso que Belting sitúa entre la teoría árabe de los rayos visuales y la perspectiva lineal y qué implicaciones conciernen al acto de ver en la actualidad. El autor reconstruye la historia mediterránea de la cultura visual, revela los malentendidos y las manipulaciones que se produjeron en las «traducciones/traiciones» del mundo del Medio Oriente al occidental, y nos invita a desplazarnos del sistema de oposición y confrontación por diferencias/igualdades.

Al abordar la historia de las miradas y el *intercambio de miradas*, Belting (2010) se centra en la perspectiva y el estudio de la luz. La primera está relacionada con el Renacimiento italiano y la perspectiva lineal desarrollada en Occidente, el segundo proviene de los estudios y de la sabiduría árabe. El autor no se pregunta por qué la perspectiva no ha existido en

---

25. La relación entre experiencia visual y conocimiento es uno de los propósitos de lectura de la obra de Belting. El estudioso propone un recorrido histórico y cultural que atraviesa diferentes obras de carácter filosófico. El lector puede profundizar en este aspecto directamente a través del libro de Belting. En este párrafo, en cambio, me centro únicamente en el aspecto de la construcción del espacio visual en las dos «culturas» que él considera, es decir, la de Oriente Medio y la de Occidente.

la otra cultura, afirma más bien que hay que preguntarse qué condiciones favorecieron su nacimiento en la cultura occidental.

Su método de investigación se desarrolla por entrecruzamientos. Quiere identificar las conexiones, los mestizajes, como si los confines de las culturas mostraran su porosidad. Al mismo tiempo, busca dificultades, cierres y malentendidos, invenciones y puntos de conexión, traiciones, fracturas y lugares de transformación. Este método ayuda a posicionar las diferencias de las culturas en un trasfondo mucho más amplio y rico del que solemos buscar, por sustracción o exotismo. Utilizo el discurso de Belting como un objeto activo para ofrecer una memoria más amplia y a largo plazo de la que empleamos en los trabajos de investigación y en educación. Se trata de un salto, como un juego de energía y de continuo equilibrio, que posiciona el «desde donde observo» con la esperanza de que pueda ayudar a evitar el relativismo individual, profesional y disciplinar. Cuando se es capaz de identificar los límites de la propia mirada, un punto de conciencia indispensable para quienes educan y cuidan, se puede empezar a ver «de otra manera» y encontrarse con otras miradas.

EN LA LUZ

Fig. 1. El arabesco es una expresión artística llamada *al-tawrīq*
(en castellano ataurique) que utiliza una unidad básica (hoja, flor) o letras
del alfabeto árabe que, combinadas con patrones geométricos, forman
innumerables figuras entre el claroscuro de lo lleno y lo vacío. El patrón
de las figuras se puede repetir infinitamente

Basora, alrededor del año 1000 d. C., antigua ciudad del actual Irak, situada entre el Tigris y el Éufrates, Florencia, mediados del siglo XV, ciudad a la que se atribuye el nacimiento de la perspectiva y el Renacimiento. Sin los conocimientos que llegaron de Basora, los arquitectos, matemáticos, filósofos y artistas florentinos no habrían podido construir las obras de arte que hoy admiramos en las ciudades y museos del mundo. Los fundamentos de la perspectiva, como documenta Belting, se basan en la *teoría matemática de los rayos visuales y la geometría de la luz* de origen árabe estudiada por Alhacén.[26] La distancia geográfica y temporal no impidieron que Oriente Medio y Occidente cruzaran sus caminos, precisamente a partir del estudio de la luz, de la mirada, de cómo esta es entendida y de su relación con las cosas. La gran obra de Alhacén sobre la fenomenología de la luz proporcionó la estructura para muchas investigaciones que se realizaron en Italia y luego en Europa.

El intercambio de miradas —como lo define Belting— condujo a la transformación de la teoría árabe de la visión en una teoría europea de la imagen y precisamente esto, paradójicamente, contribuyó a convertir las dos culturas en «extrañas». Fue una decisión cultural la de traducir, pero también trasladar y traicionar, la teoría árabe de la visión que se estudiaba en las universidades occidentales desde el siglo XIII y que llevaba el nombre latino de *perspectiva*.

El objeto de la teoría de la visión de Alhacén, basada en cálculos matemáticos y geométricos, es el estudio de la luz, o mejor dicho, de los rayos visuales. La luz, una potencia viva, se sirve de innumerables puntos sobre la superficie de las cosas que el ojo conecta mediante rayos visuales. Por lo tanto, la visión es una forma de la luz, no es la realidad. Alhacén no está interesado en la reproducción de lo que observa la mirada humana, sino en dar protagonismo absoluto a la luz que es omnipresente.[27] La imagen I expresa el entramado de la luz en una forma infinita e inmortal: el tiempo y el espacio solo pueden ser considerados infinitos como el Ser Supremo del que derivan. Esta imagen también recibe el nombre de arabesco, una forma de decoración geométrica utilizada para embellecer mezquitas y palacios. La luz es un poder cósmico irradiado por los cuerpos celestes y Alhacén quiere demostrar que tienen «luminosidad autónoma». Él reconduce la percepción a la teoría de la luz, se propone calcular, a partir de leyes matemáticas, las trayectorias de los rayos luminosos que inciden en el ojo. Los rayos visuales no son visibles para el ojo, pero permiten que el mundo sea visible, es decir, no vemos la luz, vemos *a través* de la luz. El mundo exterior se percibe a través de líneas rectas (rayos de luz) que se

---

26. Alhacén, forma latinizada del nombre Abū ‘Alī al-Ḥasan ibn al-Ḥasan ibn al-Haytham, físico, matemático, astrónomo árabe de Basora, es considerado el iniciador de la óptica moderna. Se le deben muchos descubrimientos en diferentes disciplinas, entre ellos el de la cámara oscura. Vivió entre 965 y 1038 entre Basora y El Cairo. Uno de los libros de Alhacén está dedicado a la fisiología del ojo, otro a la psicología de la percepción, donde hace referencia explícita a Aristóteles y a sus tres libros sobre el alma. De los 92 volúmenes escritos por Alhacén más de la mitad fueron traducidos y sus estudios fueron retomados por Kepler y Galileo.
27. No se pueden desvincular sus estudios de la dimensión de su religiosidad, solo a modo de ejemplo, uno de los 99 nombres de Alá, pronunciables para los hombres, es An-Nûr ('La Luz').

unen en el centro del ojo (Belting 2010, 107). La medición de la luz experimentada por Alhacén mediante cámaras oscuras y espejos supuso un enorme avance para la investigación.[28]

La historia de la filosofía y la ciencia siempre ha reconocido a Alhacén una importancia extraordinaria, sin embargo, en la historia de la cultura su nombre está completamente ausente, incluso de las investigaciones renacentistas sobre la perspectiva. Solo mucho más tarde, cuando Occidente se acercó al estudio y uso de la cámara oscura (descubierta e ideada por Alhacén), se afirma que la «luz pinta las imágenes en las paredes», pero la cuestión de la imagen subraya la diferencia entre las dos culturas precisamente porque refleja dos prácticas distintas de la mirada.[29] «No se trata solamente de arte, ya que la cuestión pone al descubierto su relación con el mundo y, por tanto, su mentalidad» (Belting 2010, 100). Fue, como la denomina Belting, una «decisión cultural», de «mentalidad» lo que separó el sentido atribuido a la mirada y la relación con el mundo.

CONSTRUYENDO IMÁGENES

Fig. 2. La ciudad ideal (1489-1490). Esta célebre pintura, atribuida
a Piero della Francesca, está expuesta en la Galleria Nazionale
delle Marche de Urbino (Italia)

---

28. Las decoraciones con estructura geométrica derivadas del estudio matemático y filosófico de los rayos visuales de luz de Alhacén han sido objeto de muchos otros estudios posteriores. En 1879 Jules Bougoin descubrió la importancia de los diseños ornamentales árabes para el cálculo matemático. En 1977 Emil Makovicky, geoquímico de la Universidad de Copenhague, descubrió la correlación simétrica entre el arte árabe y la cristalografía. En 2009, el Congreso Internacional Symmetry and Crystallography in Turkish Art and Culture promovido por la Commission on Mathematical and Theoretical Crystallography retoma las investigaciones matemáticas de Alhacén. La creación de las geometrías árabes, conocidas vulgarmente en el mundo como «arabescos» se asemejan, dirá Makovick, «de manera sorprendente a las proyecciones de estructuras cristalinas que se dejan subdividir periódicamente dos, tres, cuatro, seis veces. [...] La geometría del arte árabe basada en modelos hexagonales y trigonales, es un caso único en toda la historia de la decoración» en Belting (2010, 128), pero hoy podemos decir que lo son también en el campo de la física cuántica.
29. Desde hace mucho tiempo la prohibición de las imágenes en el islam ha sido objeto de muchas controversias y su estudio es complejo. Me limito a subrayar que en el mundo islámico esta prohibición nunca ha sido general (por ejemplo en el islam chiíta), sin embargo, hay un tabú ligado a las imágenes antropomorfas y tridimensionales, consideradas una falsificación de la vida. Alrededor del siglo XIII se permitían las imágenes en los círculos cortesanos o solo para libros con descripciones. En el Museo Topkapi de Estambul se pueden admirar hermosas miniaturas de retratos.

La transformación de los estudios de Alhacén realizada por Biagio Pelacani, Piero della Francesca y muchos otros estudiosos y artistas introduce la perspectiva y, con ella, la profundidad.[30] El espacio vacío se hace mensurable y se representa la tercera dimensión. La materia es reproducible, las imágenes retratadas representan la forma de la mirada, es decir, cómo ve el ojo, y casi «simultáneamente» esas imágenes se confundirán con la representación de la realidad.

Aunque poco conocido, una de las figuras clave de la revolución renacentista de la perspectiva es el filósofo y matemático Biagio Pelacani (nacido en Parma en fecha incierta y fallecido en 1416). Profundamente familiarizado con la obra sobre el estudio de los rayos visuales de Alhacén, «modificó deliberadamente algunas de sus premisas» (Belting 2010, 154). Esto le fue necesario para apoyar la invención del *espacio vacío* matemático. A través de una serie de razonamientos sobre el conocimiento de la realidad, interés central de su investigación, Pelacani reformuló la teoría óptica y, con la intención de darle «más certeza», introdujo por primera vez el concepto de *espacio vacío* en la teoría de la visión. Sus estudios son la base para establecer una topografía del espacio visual, ya que «las cosas tienen existencia cierta, de modo que el arte puede representarlas» (Belting 2010, 153).

El espacio, incluso el espacio vacío, se mide junto con las cosas y, al mismo tiempo, remite a un sujeto que lo mira y que puede representarlo. Según Pelacani, medir el espacio (vacío) visual que co-responde a las cosas ofrece la *verdadera* representación de la cosa. Según el estudioso entre el mundo visible y el ojo que observa, se pueden insinuar imágenes engañosas, pero los posibles errores se pueden reparar mediante la medición y el conocimiento. De esta manera se crea una fuerte alianza entre el intelecto, el ojo y el conocimiento (Belting 2010, 158).

> Biagio fue uno de los mejores conocedores de Alhacén, pero interpretó su teoría de forma opuesta al espíritu que guió la investigación del científico árabe y sentó las bases de la perspectiva lineal.[31] En cuanto a la perspectiva, los artistas adoptaron la teoría y el método de la ciencia de la óptica (ya largamente debatida en el mundo académico) y decidieron ponerla al servicio de la práctica pictórica. En concreto, si antes la geometría de los rayos de luz se reproducía en diagramas, ahora entraba en las pinturas, concebidas como un facsímil de la *imagen visual.* «En este proyecto, las cosas *pintadas* ocuparon el lugar de las cosas *vistas,* así como el lienzo visible sustituyó a la imagen visual invisible, que ahora dejó de ser una mera imagen mental. La racionalización de la práctica icónica transformó la pintura en un *procedimiento para fabricar imágenes, como diríamos hoy».*

---

30. Para profundizar el tema remito al texto de Panofsky, Erwin. 1966. *La prospettiva come «forma simbolica».* Milán: Feltrinelli y a las notas explicativas de Marisa Dalai y Guido D. Neri insertadas en la edición italiana.
31. Pelacani, además, interpretó la teoría de Alhacén de forma diferente a los «perspectivistas» de la Escolástica, cuyas conclusiones refutó en cuanto lógico y matemático. La perspectiva central se convirtió así, en Florencia, en un modelo capaz de traducir en forma intuitiva el espacio topológico de la mirada propuesto por Biagio (Belting, 2010, p. 158).

La interpretación y transformación de la ciencia óptica de Alhacén tuvo una repercusión de gran alcance en los debates académicos, que implicó a todas las disciplinas interesadas en cómo se conoce la realidad, agudizando las controversias con la Iglesia católica y cuestionando su poder. A partir de ese momento, el ojo de Dios y la verdad dejan de ser prerrogativa exclusiva de la Iglesia.

En la teoría de la visión de Alhacén, *la visión* era una cosa y la *forma visual* otra. Para la cultura de la perspectiva lineal, estos dos aspectos ya no están separados.

De este modo, la cultura occidental de la imagen fundamenta su *paradigma en la imagen visual*, construida a partir de la medición matemática. Esta es la base para el desarrollo de lo digital, el mundo físico se deconstruye mediante rigurosos análisis matemáticos para ser fielmente reconstruido y representado. Las animaciones 3D de los videojuegos y las películas realizadas con computación gráfica son, cada vez más, producciones alejadas de la naturaleza, pero que quieren perseguir la intención iniciada con la perspectiva lineal: simular las formas naturales según una semejanza física a través de las matemáticas.

La importante transición artística, matemática, física y filosófica marcada por la perspectiva dio nombre, *a posteriori*, al Renacimiento.[32]

Se trata de una transformación radical y gradual de la cultura occidental, que marcó «un antes» y «un después». Antes, las composiciones artísticas recogían el espacio en dos dimensiones y el fondo no jugaba ningún papel. Después, con la perspectiva lineal, el espacio se amplía, la dirección de la mirada se vuelve hacia el infinito, en esta los cuerpos y los objetos aparecen unidos de forma «natural». La realidad perceptiva se racionaliza, creando un mundo empírico matemáticamente correcto e infinito.[33]

La fuerza del volumen de los objetos y cuerpos pintados transforma el espacio bidimensional de un lienzo. De ese cambio Panofsky (1984, 143) escribe:

> Un espacio pictórico puede definirse como una extensión aparentemente tridimensional, compuesta por cuerpos (o pseudocuerpos como las nubes) e intervalos entre ellos, que parece extenderse indefinidamente, aunque no necesariamente hasta el infinito, más allá de la superficie del cuadro objetivamente bidimensional; esto significa que esta superficie pictórica ha perdido la materialidad que poseía en el arte de la Baja Edad Media. [...] Se ha convertido en una ventana a través de la cual podemos mirar una parte del mundo visible.

---

32. Sobre la definición del periodo renacentista, véase el extenso debate de uno de los mayores historiadores del arte del siglo xx, Panofsky, Erwin. 1972. *Rinascimento e rinascenze nell'arte occidentale*. Milán: Feltrinelli, capítulo primero «Rinascimento: autodefinizione o autoinganno», pp. 17-59.

33. La búsqueda de un «espacio pictórico», de representación de la tercera dimensión encuentra sus precursores en Cimabue y luego en Giotto (Florencia), Duccio da Siena (dos culturas pictóricas diferentes) hasta el gran Piero della Francesca.

En la perspectiva, la imagen producida está en relación con el espectador. La mirada del artista se reproduce en el cuadro y se cruza con la de la persona que admira la imagen. Al observar la figura 2 recorriendo las líneas, podemos ver claramente, en «la ciudad ideal», los puntos de fuga (puntos que no existen en el paisaje real), que personifican la mirada del pintor y permiten a quienes observamos encontrarnos, a su vez, observadores ciertamente de una pintura, pero vista como «natural». La profundidad es una dimensión que solo se produce en la mirada, es un espacio, el del cuadro, utilizado como espacio de la mirada. Una imagen aún más familiar es el dibujo (o la fotografía) de las vías de una línea ferroviaria. Para dar la sensación de longitud hay que dibujarlas en profundidad y en un cierto punto de la hoja las dos líneas casi se tocan (punto de fuga), pero sabemos que en realidad ninguna vía llega a unirse. En esa época cambia la percepción de la propia vista: lo que la mirada reproduce «es la realidad».

ANTE LOS OJOS

La perspectiva, al introducir el punto de fuga, construye un «signo sobre los signos», un «metasigno» con el que se pueden organizar infinidad de imágenes. El punto de fuga es un signo similar a todos los demás, pero los modifica todos.[34]

La forma en que las dos distintas culturas utilizan el estudio de la luz y, por tanto, de las imágenes, marca «dos diferentes prácticas de la mirada» (Belting 2010, 100). No se trata solo de una cuestión artística, está en juego la forma de relacionarse con el mundo y su consiguiente comprensión y denominación. La forma de practicar la mirada está también relacionada con la construcción de las lenguas y las diferentes formas de pensamiento y aprendizaje. La invención de la perspectiva fue una revolución que dio a la mirada y a la observación su preeminencia sobre los sentidos. Por eso, no es casualidad que en las ciencias humanas occidentales se haya prestado más atención a la vista que al oído, el tacto, el gusto, el olfato o la intuición. Sin embargo, también estos son los sentidos que construyen el conocimiento y el encuentro con el mundo.

Según Alhacén, la percepción visual diurna no puede separarse de los sentidos internos. Las imágenes nacen en la imaginación y no en el ojo, por lo que una imagen que represente el mundo visible no es representativa de la realidad: el ojo es un órgano falible, porque él y la mirada no representan una unidad. Según el estudioso, los «errores» del ojo se superan mediante la síntesis de los sentidos internos. Alhacén dedica el tercer libro de su gran obra a este aspecto (*ibid.*, p. 25). En Occidente, en cambio, la perspectiva reproduce la mirada: de este modo, el ojo y la mirada coinciden. Mediante la medición, la perspectiva crea una distancia entre el hombre y

---

34. Belting, a propósito, cita la obra de Rotman, Brian. 1987. *Semiotica dello zero*. Milán: Spirali, en la que el autor relaciona la invención del cero, dentro de los signos numéricos árabes, con el punto de fuga. Al igual que el cero, también el punto de fuga tiene dos significados: el cero es un número similar a los otros, pero de él pueden derivarse infinitos números.

el objeto, pero al mismo tiempo la anula a través de la forma en que el ojo del hombre que observa aparece frente al objeto mismo (el cuadro). Los fenómenos se reducen a reglas matemáticas, pero estas dependen de las condiciones psicofísicas y de la impresión visual, ya que la realidad que se representa se percibe desde el «punto de vista subjetivo».

La historia de la perspectiva, según Panofsky, puede concebirse como un «triunfo del distanciamiento y la objetivación de la realidad», como una voluntad de poder del hombre que quiere anular toda distancia con el doble objetivo de consolidar tanto una sistematización del mundo exterior como una expansión de la esfera del yo (Panofsky 1966). Una oscilación entre proximidad y distancia en la que la perspectiva vuelve a plantear el problema de la interacción entre *quién* observa a *quién*, es decir, de la elección de situar el «punto de vista subjetivo» de quien retrata a un sujeto y de quien observa el cuadro.[35]

En el mundo educativo, observar y evaluar son acciones cotidianas, pero se olvida que incluso la observación más rigurosa deriva del proceso cultural que acabamos de describir y apenas se tiene en cuenta el punto de vista del observador. Incluso cuando se afirma con énfasis que «el usuario está en el centro del trabajo de cuidados» hay que preguntarse: *esa* persona está «¿en el centro de qué?».

La perspectiva ha sido una *técnica cultural* y no solo una cuestión artística, técnica que ha llevado a la construcción de una cultura visual. Las imágenes se alían con la mirada, reconociendo así el derecho de la mirada individual a comprender el mundo como imagen y/o a hacer de él su propia imagen.

Llevando el razonamiento hasta sus últimas consecuencias, podríamos decir que en el pensamiento de Oriente Medio *la imagen visual* es una imagen mental *con la que vemos*, y no una imagen que se ponga *ante nuestros ojos*. Tampoco puede hacerse visible, por el simple hecho de que, en el mundo exterior, no existe.

Mientras que en Occidente *la imagen analógica* se ha convertido en el modelo de todas las imágenes, para Alhacén ni siquiera existe en el ámbito de lo posible. Una teoría de la imagen necesita siempre del sujeto, que entra a formar parte del proceso visual solo cuando se activa con la mirada. En la otra cultura, es la luz la que domina el mundo, y el ojo es un órgano sensible a la luz. Por ello, Alhacén integra en su matemática de la percepción una psicología de los sentidos internos con la que concluye su demostración óptica. Las imágenes internas son de otro tipo. En la cultura occidental ni siquiera pueden decirse imágenes, mientras que según Alhacén son las únicas que existen, y no hay otras en el mundo (Belting 2010, 42-3).

---

35. Para profundizar el discurso de Panofsky, véase también Somaini, Antonio. 2005. *Il luogo dello spettatore. Forme dello sguardo nella cultura delle immagini*. Milán: Vita & Pensiero, 53-92.

Con la perspectiva, la imagen representa la mirada del observador sobre el mundo, por lo que pronto se convierte en «la imagen del mundo». La convicción –que hará la fortuna de todas las tecnologías que utilizan instrumentación óptica– es que en la imagen y en la realidad la percepción es análoga/analógica, se parece pero no es *la* cosa (funciona como las agujas de un reloj analógico que dan una representación continua del movimiento de las horas pero no son las horas, o un termómetro que varía la altura de la columna de mercurio con el cambio de temperatura, pero no es la temperatura). El deslizamiento en el plano del «conocimiento de lo real» es muy fácil: las imágenes se convierten en realidad. Así ocurre en la relación con el otro, lo que observo a través de esquemas interpretativos, cuadrículas, mediciones, etc., es/coincide con lo que mi mirada determina/ decide. Aunque se trata claramente de una percepción, la reproducción del otro y de la otredad ya no se detecta como tal.

En el Tercer Milenio, el uso de los medios de información y la tecnología está al alcance de todos, transmitiendo ininterrumpidamente imágenes «sobre la realidad». La pregunta oportuna sobre quién y por qué es representada se omite, se excluye del pensamiento.[36] Hoy, más que nunca, es necesario comprender que toda imagen (fotografía, vídeo, etc.) es construida con la intervención humana, y siempre está coproducida por su autor y el sujeto (objeto) retratado. Así pues, una imagen está doblemente culturizada: la selección subjetiva de los datos de la realidad por parte de la persona que pulsa el botón del *smartphone* (o de una cámara fotográfica, o de vídeo) y los elementos externos a la intención del autor (Faeta 1995). Cuando *nos representamos* al otro, inevitablemente su imagen atraviesa la cultura de la mirada en la que estamos inmersos, pero no lo tenemos en cuenta, es una especie de *velo* que ya no vemos.

La teoría de los rayos de luz de Alhacén pone de relieve una espiritualidad que atraviesa sus investigaciones, el lugar sagrado interior de cada una, cada uno. El espacio en el que se mide la visión está dentro de sí. La visión de Alhacén me invita a pensar ese espacio como un respiro, un latido, un soplo que permite que lo que se observa no se identifique y se fije de inmediato en una sola representación. El otro es lo que veo (en mí) pero también es mucho más. Este plano del encuentro abre un espacio de creación posible, tiene el ritmo de la respiración, del lugar virgen donde el otro, el mundo, las cosas, pueden existir sin ser medidas y definidas mecánica e inmediatamente. Un espacio para que el otro pueda existir por lo que es. La otra, el otro está antes y más allá de lo que la mirada –sobre ella/él– puede representar.

Cuando conocemos las culturas de la mirada, nos damos cuenta de que tenemos en común, entre Oriente y Occidente, un origen sapiencial. Su traducción y transformación marcaron entonces la diferente relación con la mirada y entre esta y el mundo. Hoy en día, las tecnologías visuales han traspasado las fronteras de las propias culturas y transmiten imágenes que

---

36. Véase también: Sgroi, Massimo. ed. 2013. *F for Fake*, Milán: Editori Riuniti. Sartori, Giovanni. 1998. *Homo videns*, Bari-Roma: Laterza. La revista *EDAV* disponible en: http://www.edav.it/.

todos perciben como «realistas». Pero cuando nos damos cuenta de ello, comprendemos que la realidad que se nos propone está empobrecida y que la mirada está encorsetada. Ser conscientes de ello nos permite observar nuestra mirada y ver las gafas con las que miramos el mundo antes de «codificar» al otro. Podemos recordar este recorrido de miradas y referirnos al origen común de las dos culturas, pensar en vivir el encuentro con el otro como una acción que mide los límites de la propia mirada, una parcialidad interna que deja espacio a la maravilla del encuentro, al lugar virgen del respiro y así hacer la observación más capaz de discernimiento.

En la escuela que frecuenta Jamila, así como en las realidades de los servicios socioeducativos donde los niños y las familias buscan apoyo y ayuda, está presente el mundo. Ya no se trata de contar los porcentajes de los «niños extranjeros» o de las «segundas generaciones», sino de *construir contextos, espacios terceros, en los que poder dejar respirar la mirada y el encuentro, donde el ser pueda expresarse*, es decir, crear *espacios terceros* para componer miradas adecuadas a la comprensión de lo que sucede, cuestionando lo obvio, haciendo del descarte y de lo que vemos como *carencia* el fertilizante para un terreno apto para el crecimiento de pequeños y adultos.

Asomarse, incluso brevemente, al recorrido artístico y cultural permite poner el arabesco (fig. 1) y el cuadro (fig. 2) uno al lado del otro sin compararlo ni superponerlos. Permite ver diferentes formas representativas e imaginativas y abre un horizonte distinto sobre la propia mirada. Tal vez para algunas disciplinas lo que observamos en las relaciones de cuidados puede ser medible, comparable, superponible, sin embargo, estos esfuerzos solo reconfortan a algunos, a menudo los investigadores académicos, mientras que en las prácticas cotidianas la experiencia puede mostrar y contar mucho más.

EL ENCUENTRO CON EL OTRO: LOS MODELOS HEREDADOS

El libro *La conquista de América: el problema del otro*, de Tzevetan Todorov (1984), fija el momento de la invención de la categoría del otro *absolutus* a partir de la conquista de América y, desde entonces el «nosotros europeo» emerge por diferencia. A partir de los diarios de personajes conocidos, Todorov extrapola diversas formas de encuentro con el otro, entre las cuales tomaré tres en consideración, surgidas en particular de una primera investigación-acción iniciada con un grupo de trabajadores de los servicios sociales, educativos y psiquiátricos del norte de Italia, un territorio con un alto índice de familias inmigrantes.

Analizando los discursos de los profesionales me sorprendió que, todavía hoy en día y de maneras similares, la visión del otro, percibido como diverso y portador de diferencias, recurre a modelos de hace 500 años. El otro como carente, o como objeto de una *mera curiosidad*, o incluso considerado *similar a uno mismo*, son tres modelos, así nombrados por Todorov, que han dejado una huella en la mirada europea, una especie de herencia hacia el otro percibido como diferente. Aunque desde otras latitudes, puede que no sea casualidad que la Edad Moderna, establecida por convención con el viaje de Colón, se cruce temporalmente con la perspectiva del Renacimiento, época en la que la representación humana de la realidad se convierte paradójicamente en *la realidad* a través de la perspectiva lineal. Encontrar esta huella y ver los rastros presentes en los procesos de *hacerse cargo* de los usuarios en los servicios sociales fue impactante, pero gracias a este cortocircuito ha sido posible concienciarnos e interceptar aquellas herencias *invisibles* que hoy todavía actúan en la perspectiva colonial con la que se observa lo diverso.[37]

Analizando los diarios de Colón, Todorov señala la estructura denotativa, los indicativos de lugar, las anotaciones de los sonidos, pero no encuentra ningún acto de comunicación con el otro. Observador atento y capaz de expresarse en cuatro idiomas, Colón encuentra América, pero no a quien la habita. Cubre con sus palabras y sus significados los gestos y las palabras del otro, afirmando que el otro no posee una lengua propia y traslada sus palabras al español. Busca el equivalente, ve *las diferencias a través del patrón de lo que falta respecto a su modelo de observación*: los demás carecen de ropa, de lengua, de zapatos, de educación, de religión.

El modelo de la carencia

El modelo que emerge cuando se percibe al otro como demasiado diferente es, a menudo, incluso hoy, el de la carencia. Esta construye lo menos del otro y lo más de nosotros. Se puede explicar la causa de esta carencia, pero siempre estará ligada al término que la generó: el *menos*. Normalmente, ante alguien demasiado diferente, se construye un *trato de igualdad* que se considera el mejor medio para frenar las carencias del otro. Se establece entonces la relación a través de un sentido de «igualdad» como con cualquier persona. Un «cualquiera indistinguible» que se declina como un sustantivo-adjetivo que sólo es practicable para *los otros* que, finalmente, «no son como nosotros» (Stengers 2003, 11). Situar al diferente en la dimensión legal del igual nos tranquiliza, lo «integra» y se aligera la pesadez emocional de su «excesiva diversidad».[38]

---

37. Las investigaciones se han desarrollado en el norte de Italia (Brescia, Verona, Trento) a partir de 2009. Han sido financiadas por asociaciones, municipios, fondos regionales y europeos (Fondo Europeo para la Integración). Los servicios implicados fueron: escuelas primarias, servicios sociales de base, centros de agregación juvenil, consultorios, centros de salud mental, servicios para las adicciones. Desde 2015, las investigaciones-acción se han dirigido también a los solicitantes de asilo y refugiados, durante este tiempo nos hemos reunido con más de 250 profesionales.
38. Pasando al plano del discurso político contemporáneo respecto al tema del «tratamiento de la igualdad» la comunidad filosófica femenina Diotima de la Universidad de Verona elabora el pensamiento del feminismo de la diferencia. El tratamiento de igualdad subraya aquí precisamente la denuncia de un paradigma del *igual universal* que, en cambio, sustenta un falso pensamiento «neutro». Diotima. 1995. *Oltre l'uguaglianza. Le radici femminili dell'autorità*. Bari: Liguori Editore. *Online*: revista *per amore del mondo*, disponible *online* y accesible gratuitamente: https://diotimafilosofe.it.

Con el tiempo este modelo hace madurar *un sentimiento de carencia permanente*. La falta persiste simbólicamente incluso cuando se «colma». Este modelo, aplicado en el ámbito de los servicios socioeducativos y llevado al extremo, induce a las mujeres y hombres que trabajan en el mundo de los cuidados a sentirse inadecuados, también ellos carentes, hasta el agotamiento, el *burnout*.

Darse cuenta de que el modelo de la carencia puede activarse en la relación con el otro permite comprender que detenerse en lo que le falta al otro conduce a un distanciamiento y aumenta la asimetría entre quien está en el papel de educador y quien no. Tomar conciencia de esta dinámica relacional, favorece la búsqueda de una cercanía que no confunde la diferencia con el *menos*, sino que la acoge como *excedente*, un más allá, base vital de la relación según el principio de complementariedad.[39] El término *excedente* se convierte en una categoría útil para pensar lo que aún no se ha pensado, o más bien para cambiar la forma de pensar las diferencias, contribuye a la exploración, estimula el avanzar a medida que descubrimos, sustenta el aprendizaje de la mirada de asombro, abre nuevos caminos a los itinerarios educativos en cuanto que valora lo que excede y lo que no hemos tenido en cuenta.

Más al sur y unos cien años después del primer viaje de Colón, Todorov dirige su atención sobre Cortés. Fascinado por el pueblo azteca y movido por la curiosidad de conocer su cultura y tradiciones, *el conquistador* es curioso, quiere *comprender mejor* ese mundo. Recurre a una mediadora azteca que le revela los aspectos «culturales» de su mundo. Las informaciones sobre el otro están subordinadas al poder de la conquista, la suya es una «comprensión-que-mata» (Todorov 1984).

El modelo de la mera curiosidad

La curiosidad por lo diferente se acentúa cuando el otro excede y nos asombra. Es una reacción natural, pero cuando es un fin en sí misma, la curiosidad produce exotismo, exageración y, a veces, incluso robo. Nos vemos impulsados a investigar, por ejemplo, los secretos de ritos, nacimientos, matrimonios, con la ingenua pretensión de tener la información de esa «etnia», de poseer una verdad sobre el otro, sobre «su cultura», como si esta fuera un objeto monolítico, igual e inmutable. La relación se extingue mientras se reproducen imaginarios eurocéntricos. Cautivados por la certeza de comprender al otro, este último permanece mudo, incluso cuando intenta comunicar su historia. El discurso *sobre* el otro lo *(con)tiene*.

---

39. El principio de complementariedad es una conceptualización de la construcción identitaria: cada uno está compuesto por diferentes aspectos, fruto de un largo proceso de inculturación/aculturación (sexo, lengua, religión, grupo social). No hay una sola manera de explicar la condición humana. Existen varios métodos y categorías interpretativas complementarias entre sí útiles para una mejor comprensión, en Devereux, Georges. 1978. *Saggi di etnopsichiatria generale*. Milán: Mondadori. En el ámbito pedagógico véase también: Goussot, Alain. 2011. *Bambini «stranieri» con bisogni speciali*. Roma: Aracne, 56-67.

decidió confiar su hija a otra familia. La mujer se había mostrado muy dispuesta a contar la dimensión espiritual, por lo tanto invisible, de su historia, profundizando en cada detalle. Las profesionales quedaron impresionadas, el exotismo aumentó las preguntas sobre su mundo profundo y sagrado, la mediadora lingüística cultural añadió con generosidad de detalles los aspectos que habían tenido un efecto particular en esa madre. A medida que aumentaba la curiosidad de las profesionales, se estrechaba en ellos el espacio de acogida de las palabras de la madre, hasta el punto de decidir un diagnóstico y quitarle la hija. Esta operación extrema responde al modelo de la mera curiosidad, curiosidad que «mata al otro» a través del robo, en este caso, de las informaciones y, después, de la hija. Si extendemos el modelo a las geopolíticas, la información sobre el otro ha llevado al robo de tierras, del subsuelo, de los productos de la tierra, de los monocultivos, etc. El robo es el resultado del modelo de la mera curiosidad.

Para no quedarse en el *modelo de la mera curiosidad*, que es, en realidad, el modelo del robo, es necesario introducir en el pensamiento otro movimiento que se preocupe de entender de dónde surgen las preguntas que hacemos al otro.

Hacer un silencio interno, un análisis de los pensamientos predefinidos y luego dejar espacio para el discurso del otro, incluso cuando resulta *sorprendente*. Así es posible dejar que los relatos, los de las dimensiones sagradas de la vida (trascendentes e inexplicables) tengan tiempo de ser escuchados. Requieren una *contemplación*, un silencio atento y un respeto abierto por lo que no se puede ver (Potente 2017).

El modelo de la semejanza

El último modelo surge del diario del jesuita Bartolomé de Las Casas: la apertura y la tolerancia hacia el otro en nombre de una religión favorecen un «deseo de similitud», sin embargo, una similitud hacia un solo y único modelo de ser humano (Todorov 1984). La tensión hacia la semejanza ha caracterizado las relaciones humanas desde siempre, nace de la necesidad de cohesión y es necesaria para establecer vínculos y relaciones afectivas. Es una actitud casi espontánea, nos reconocemos, mientras que la diversidad que afecta al otro no tiene «naturalmente» cabida en nosotros.[40] Es una modalidad perezosa y común: nos detenemos en lo que es aparente cuando la relación se da con aquello que aún no se conoce. Podemos decir mucho sobre las recíprocas semejanzas, sin embargo, este modelo tiene una incomunicabilidad subyacente: el material experiencial del otro se coloca casi automáticamente en un tiempo pasado «así se hacía antes». Se insinúan binomios como moderno/obsoleto y, a continuación, verdad/falsedad, creer/no creer.

El modelo de la semejanza nos aleja del presente de las relaciones y enfatiza un *en aquel tiempo* que remarca un *atraso*. Muchas veces decimos: «también en nuestro país hace mucho tiempo se hacía como vosotros, pero ya no».

Desde sus inicios, se solicitan los relatos, pero desvirtuados por la convicción de un entendimiento que no se cuestiona, puesto que el punto de referencia principal (desconocido) no es el otro, sino nosotros mismos. Buscar semejanzas crea malentendidos que no permiten reconocer las ocasiones reales de interés mutuo y acercamiento (La Cecla 2005).

---

40. En 1992 el descubrimiento de las neuronas espejo, gracias al trabajo del grupo de investigadores de la Universidad de Parma guiados por el profesor Giacomo Rizzolatti, confirmó esta tendencia a sentir y actuar en un registro de cercanía al otro. En parte innata y en parte adquirida, la dimensión «empática», así es como los científicos nombran la acción-reacción de las neuronas espejo, no se activa inmediatamente cuando nos enfrentamos a comportamientos y acciones que no «reconocemos» porque, por ejemplo, son demasiado distantes (indescifrables) de la cultura de pertenencia (Rizzolati, Giacomo y Gnoli, Antonio. 2016. *In te mi specchio. Per una scienza dell'empatia,* Milán: Rizzoli).

Ser consciente de la tensión por parecerse ayuda a comprender que las incomprensiones están movidas por un trasfondo *benévolo* y las dificultades de la relación pueden ir acompañadas por el *constante empeño en no dar por sentado* lo que se nombra de la misma manera.

El *carente, la mera curiosidad* y la *semejanza* son tres modelos invisibles, socialmente heredados, con los que se piensa al otro, se hacen visibles si nos detenemos y aceptamos *atravesar la propia mirada*. Es una acción de revelación de un *yo colectivo* situado geopolíticamente, con las dimensiones geográficas, políticas, económicas y culturales ubicadas en un tiempo cronológicamente lejano que, sin embargo, ha dejado en el presente imágenes depositadas en el «fondo del ojo».

También podría decirse que atravesar la propia mirada es posible con una postura crítica y no estática del *hacer memoria*: recordar es atravesar el pasado con otros ojos, encontrar otros significados; ilumina el presente y revela las sombras. Incluso las que no nos gustan. Desvela los orígenes comunes, los cambios culturales, las dinámicas y las herencias de las conquistas que aún hoy delinean la mirada. Se empiezan a ver las fronteras culturales-colectivas del encuentro con el otro y con nosotros mismos. Este es el primero de una serie de pasos para *aprender a transgredir* cuánto de colonialismo se nos sigue transmitiendo.

Atravesar la mirada retoma el claroscuro del arabesco de la primera figura, en la visión de las múltiples formas con las que se pueden repensar las relaciones con el otro. *Hacer memoria* se entiende, por tanto, como el significado fundacional de lo que ocurrió antes, abarca la complejidad y la multiplicidad de las narraciones, en lugar de fechas y abstracciones formuladas por una sola voz (Certeau 2005). Pensar el *hacer memoria* en un cuadro de tiempos diferentes y copresentes, ayuda a salir de la estaticidad de la Historia entendida como una serie de eventos lineales y consecuentes, con un principio y un final. Sobre todo ayuda a dar significado a la propia mirada, trazando conexiones con múltiples contextos espaciales (Clifford 2008, Marcus 1998).

Miramos y comprendemos el mundo a través del espacio geográfico y cultural en el que hemos crecido: la propia lengua, el cuerpo sexuado, el color de la piel, la edad, la familia, los credos, las experiencias que nos han precedido y las herencias recibidas (Rich 1996).

Tomar conciencia de los legados de la historia es aprender a *partir de sí mismo para ir hacia* (Diotima 1996). *Partir de* delimita un *saber desde donde se observa*, de donde provienen las categorías con las que entendemos el mundo, de ahí podemos acoger los límites y *encontrar* un punto de apertura hacia algo más. *Ir hacia* dibuja un horizonte, como una visión, que solo se dibuja o se imagina en compañía de la otra y del otro. En este caso *hacia*, en el sentido latino del verbo *versus*, orientar, convertir, determina un *lugar de reinicio* donde la mirada se dirige hacia el Otro. La tradición cristiana cuenta que uno se vuelve ciego antes de encontrar el Camino, como le ocurrió a Saulo que cambió de nombre y se convirtió en Pablo. Seguir el Camino para un/una sufí es estar ciega de Amor (As-Sulamî 2011).

Ver, describir, observar no son actividades neutras. Aunque es bien sabido, esta verdad no encuentra la traducción correspondiente en las acciones educativas y de investigación. De hecho, siempre estamos suspendidos en la dicotomía irresoluble de aplicar un modelo objetivo.

Atravesar la mirada colectiva entre la historia cultural de la visión y las herencias dejadas por el encuentro con el otro tras la *conquista de América* puede convertirse en una herramienta hermenéutica que posibilita encontrar otros horizontes del pensar y del hacer. El itinerario (geográfico, cultural y cronológico) recorrido hasta aquí ofrece un discurso *externo* a las disciplinas que normalmente investigan la relación educativa con quienes son portadores de diferencias, pero da cuenta de las etapas de la mirada para revelarla en su dimensión colectiva. Es un itinerario que traza una migración hacia lo *interno*, un desplazamiento. Nos situamos en un lugar preciso, firme y a la vez abierto, en el que se releen las tramas de la Historia para buscar esa «pluralidad de alfabetos» capaces de construir nuevas historias con las alteridades.[41]

Para las personas comprometidas en el trabajo educativo y de cuidados prestarse a este atravesamiento equivale a asumir una *conciencia sensorial sobre la mirada*. Considerar la mirada como *texto visual de un recorrido cultural* permite ver la complejidad que precede cada observación y relación con y sobre las familias, los adultos, los niños y niñas, las madres y los padres que cuentan retazos de sus vidas, vengan de donde vengan, incluidas las personas «nativas». Atravesar *los signos contenidos en la mirada es recorrer un camino de toma de conciencia respecto a su forma*, es una manera de poder situarse en las historias colectivas y en las individuales. Desde un punto de vista situado es posible, junto con otros, construir saberes. Son *saberes situados* que pueden cambiar la Historia.

Saberes situados

El concepto de saberes situados ha sido elaborado por Donna Haraway (1999) y propone romper las principales dualidades en las que se basa el pensamiento occidental: mente/cuerpo, sujeto/objeto, objetivo/subjetivo, pasivo/activo, racional/emocional. Haraway pone en el centro de la investigación científica los *saberes situados*, los lugares de la experiencia que se hace «objetiva» porque elaborada en un sitio y con otras/os sin caer en el relativismo. Pensar en la multiplicidad para redefinir los términos del debate sobre la objetividad científica en el sentido de los saberes situados es poner como punto de tensión hermenéutica el «partir de sí» (Piussi 2000). Esto abre una doble dimensión de análisis: la primera se refiere a la investigación sobre uno mismo en relación con el contexto (la auto-etnografía), la segunda se refiere al concepto de *embodiment*, entendido como encarnación conflictiva, interactiva y resistente frente a las categorías sociales y culturales. (Esteban 2004b).

---

41. La expresión «pluralidad de alfabetos» es de Franca Pinto Minerva y describe la tensión de varias corrientes pedagógicas comprometidas en denunciar aquellas adicciones disciplinarias que, por un lado, contribuyen a alimentar una violencia epistémica y, por otro, impiden modificar teorías y prácticas hoy necesarias para encontrar las metamorfosis, los mestizajes, las transformaciones en las que estamos inmersos, a varios niveles (económicos, políticos, culturales, ambientales). En el ámbito pedagógico, han sido muchos los testimonios de vida y las prácticas que ayudan a descolonizar y desaprender esa mirada «educativa» que no tiene conciencia del propio punto de vista para formarnos en pensamiento crítico y propositivo, es decir, capaz de superar las claves de lectura de lo que ya está codificado y es oficial. Cuando uso *Historia* con mayúscula me refiero a lo que se estudia en los libros, la Historia de los eventos; cuando uso *historia* es la narración a partir de sí, de los lugares de la experiencia.

PEDAGOGÍAS EMERGENTES Y (R)EXISTENTES

> Universidad de Bamako. En las mesas, colocadas en los largos pasillos del ala de Ciencias Humanas hay fotocopias de tesis y libros a disposición de los estudiantes. Siento mucha curiosidad por conocer lo inédito, los modelos hermenéuticos locales, descubrir qué se estudia. Me acerco y echo un vistazo a las bibliografías indicadas. Los textos son todos de procedencia europea, ningún autor de Mali, ni tampoco africano, ni asiático o sudamericano.[42]

Estas pocas palabras, extraídas del diario de mi primera estancia de investigación en Mali, resumen las ingenuas expectativas de entonces, rotas mientras recorría aquellos pasillos. La curiosidad y el encanto hacia lo exótico revelaron la gula oculta de mi vista. La soberanía de la mirada y la superioridad de la observación, tan apreciadas por el mundo de la ciencia occidental, se concretaron allí, cristalizaron. Las bibliografías y los textos estudiados por los jóvenes malienses evidenciaban qué conocimiento estaba autorizado por la academia: emergía la exclusión del saber local, de los saberes situados. Las bibliografías constituyen un índice de institucionalización del saber, tanto para quienes son citados como para quienes los citan.

En esa universidad, me quedó claro cómo los sistemas de conocimiento occidentales se consideran universales, «sin embargo, un sistema dominante es también un sistema local, con asentamiento social en una cultura particular, clase social o género» (Shiva 1995, 13). La exclusión de ciertos saberes y la centralidad de otros, también habita «mi» mundo académico. Las fotocopias a disposición del estudiantado en las mesas de la universidad confirmaban los procesos de construcción de las subjetividades realizados por medio del «mirarse siempre a través de los ojos de otros» (Bois 2007, 7, 9). La *mirada blanca* que me saltaba a los ojos interpelaba mi *blanquitud*.

---

42. Desde enero de 2002 hasta 2005 participé en algunas estancias en la Universidad de Bamako (Faculté de Lettres, Arts et Sciences Humaines, FLASH), capital de Malí, en las que participaron estudiantes de tesis de grado, de doctorado e investigadores de las universidades de Verona y de París-8. Mi colaboración se refería a una investigación sobre las organizaciones no gubernamentales (ONG) y su incidencia en las relaciones sociales en algunos barrios de la ciudad. El objetivo final era construir una formación para los formadores con el fin de implementar un diploma de ingeniería en acciones sociales. El grupo de investigación estaba compuesto por sociólogos, psicólogos, pedagogos y sociolingüistas procedentes de Francia, Italia y Malí. El extracto está tomado del diario del 22 de febrero de 2003.

PEDAGOGÍAS DECOLONIALES

El gran desfase temporal y cultural registrado entre los enunciados de las pedagogías interculturales y su deseable aplicación, denuncia una insuficiencia teórico-práctica, y supone un impulso para repensar los paradigmas de la investigación y la formación básica de los profesionales (Tarozzi 2015). Abrirse a las pedagogías decoloniales que provienen de aquellos países de donde la mayoría de las personas migrantes llegan a Europa es un primer paso para interrogarse sobre las preguntas y los temas que proponen. Las pedagogías decoloniales nacen de prácticas de vida, de investigación y de teorización que cuestionan las relaciones de poder, los marcos económicos y sociales, la deshumanización provocada por la modernidad y el capitalismo (Walsh 2013a).[43] Estas pedagogías contribuyen a la construcción de políticas «del lugar» y «prácticas-en-el-lugar», que se proponen pensar la dimensión pedagógica a través de la recuperación y reactivación de las narraciones de las historias orales. La memoria colectiva es concebida como un espacio entre las generaciones de un saber «colectivizado» que crea pensamiento decolonial y pedagógico. Se trata de una mirada situada y enfocada en retomar los procesos de construcción de los saberes, a partir de una posición crítica hacia las narraciones convencionales de la Historia para así reinventar la sociedad y abrir otras condiciones «radicales de pensamiento» (Walsh 2013a, 28). Esta pedagogía debe entenderse como una metodología que anima las luchas sociales, políticas, ontológicas y epistémicas de liberación. Es un movimiento colectivo y no individual.

Sus raíces se nutren de la pedagogía popular de Paulo Freire, en la deconstrucción del pensamiento médico-psiquiátrico occidental de Franz Fanon y de Suzanne Taïeb (Keller 2001), en los movimientos feministas latinoamericanos y en la teología y pedagogía de la liberación. Este pensamiento realiza una crítica radical al capitalismo, al eurocentrismo y al «sistema colonial» todavía activo y difundido en el mundo. A partir de un horizonte histórico de larga duración y de la fuerza de la memoria colectiva del pueblo indígena y afrodescendiente, la pedagogía decolonial constituye

---

43. Es preciso hacer una breve mención a los *estudios postcoloniales*. En los años noventa del siglo pasado, dentro de la academia, principalmente anglófona, se originaron intensos debates sobre los saberes producidos en Occidente acerca de las sociedades del «tercer mundo». Uno de los libros fundadores es *Orientalismo* de Edward Said. Estos estudios plantean un problema epistemológico y teórico crucial para las ciencias humanas. Cuestionan el discurso producido por Occidente sobre el Otro (el no Occidente), pero sobre todo es el discurso de Occidente sobre sí mismo y sobre los demás el objeto del debate. El «post» no representa una sucesión temporal a las colonias, es sobre todo ruptura conflictiva, resistencia, oposición. Los estudios postcoloniales, según Addi, no realizan una ruptura efectiva con el logos occidental y adoptan la perspectiva de una autocrítica epistemológica interna a la academia occidental (2012, pp. 54-67). El pensamiento decolonial y en particular la pedagogía intercultural decolonial (una de sus mayores exponentes es Catherine Walsh) además de deconstruir las pedagogías dominantes propone prácticas y teorías que provienen de las comunidades de base, de los saberes ancestrales, de los movimientos sociales, las investigaciones sobre las memorias colectivas y el compromiso de transformación de los contextos sociales. La teorización proviene de un intenso trabajo de campo. El pensamiento decolonial no debe confundirse con la «descolonización», con ella se entienden las acciones geopolíticas que siguieron a las independencias de las excolonias, la descolonización imprimió la marca de lo colonial y, en otras formas, lo extendió. Para más información véase en Educazione Interculturale, 21(2) disponible en: https://educazione-interculturale.unibo.it/issue/view/1222.

una realidad y un modo de vida político, social, cultural y existencial que contribuye a la vida cotidiana y a la formación de movimientos de pensamiento (Muraca 2017). Para los pueblos que vivieron el yugo colonial, la memoria colectiva lleva los recuerdos de los antepasados y sus enseñanzas orientadas a una existencia digna, complementaria y en relación con todos los seres humanos y no humanos, como parte de la Madre Tierra.

Según Fanon, la descolonización es una forma de des-aprendizaje, des-aprender lo que ha sido impuesto por la colonización y volver a aprender a ser mujeres y hombres a través de una toma de conciencia de la realidad, activando nuevas formas de pensamiento y de existencia desobedientes al capitalismo europeo (Fanon 2015).

En el marco de los estudios decoloniales, Quijano (2000, 122-151), sociólogo peruano, elaboró el concepto de *colonialidad*. Se trata de un modelo de poder nacido con la conquista de América y posteriormente impuesto a nivel mundial. Según Quijano, la expansión de la lógica capitalista es la base de la *conquista* de América, mientras que la categoría de *raza* fue la invención que justificó la expansión colonial europea. Considera la colonialidad un elemento *constitutivo y oscuro de la modernidad*. Si el colonialismo se identifica con una relación de dominación de una nación sobre otra (ahora solo formalmente concluida con la independencia de las colonias), la colonialidad es activa y afecta a diferentes esferas de la existencia (el poder, el saber, la mirada, la naturaleza, el género). La colonialidad ya no se refiere a la relación de poder entre dos naciones, como con el poder colonial, sin embargo, se mantiene viva en los textos escolares, en los criterios de evaluación del trabajo universitario, en la cultura, en el sentido común, en la imagen de un pueblo y en muchas otras experiencias humanas. Respiramos la colonialidad en la modernidad cotidiana (Maldonado-Torres 2012).

A través de la colonialidad se define una nueva jerarquía en la que se desencadenan las actuales migraciones, que siguen la estructura de la racialización de las sociedades (a nivel planetario) al marginar a los inmigrantes, pero incluyendo, a su vez, los que habitan las zonas más lejanas (y más pobres) del «centro» marcado normalmente por el censo. Por tanto, la colonialidad no solo concierne al otro, sino a todos, ya que sobre ella se asienta la hegemonía de los modelos eurocéntricos de elaboración del conocimiento y, por ende, de la vida.

Según Quijano (2000, 134), la colonialidad ejerce un modelo de poder basado en la «convergencia de dos elementos: la clasificación de la población mundial en función de la 'raza' y un sistema global de control del trabajo, de sus recursos y productos alrededor del 'capital' y el mercado mundial». El concepto de colonialidad se articula en la *colonialidad del ser*, que marca la inferiorización de algunos humanos otorgando a la violencia un carácter discrecional (Quijano 2000, 201-245). La colonialidad del ser nace de la *colonialidad del poder y del saber* construidas por el Estado moderno (Walsh 2007). La *colonialidad de la naturaleza* se basa en la división cartesiana naturaleza/sociedad, separando el entorno natural de la vida y autorizando su posesión (Walsh 2008). La naturaleza es un «depósito de cosas, reducido a materia inerte, observable, controlable, previsible y utilizable. Un proceso que continúa en el siglo XXI. [...] la colonialidad de la naturaleza privatiza la vida y mercantiliza la existencia» (Sousa Silva 2013, 488-489). La *colonialidad del género*, al relegarlo a la categoría de raza separa a hombres y mujeres, y la escala social desciende aún más si las mujeres son negras. La *colonialidad del saber* se refiere a la imposición de los saberes eurocéntricos como universales y excluyentes de otras epistemologías. Al colonizar los imaginarios también los universos relacionales se ven afectados, la estructura de la construcción del saber recae sobre el valor de un pueblo y de los individuos. Antes de 1492 predominaba una visión orgánica del mundo, en la que la naturaleza, el hombre y el conocimiento formaban una parte en continua interacción, la llegada de este conocimiento separa todo esto. Según una geopolítica hegemónica del conocimiento, se crean fronteras, se decide qué ciencias y comportamientos son legítimos y cuáles no, se impone una perspectiva única. Según Walsh (2008, 137) esta colonialidad «es particularmente evidente en el sistema educativo (desde la escuela hasta la universidad), donde el conocimiento y las ciencias europeas se elevan como la estructura científica-académica-intelectual». Por último, la *colonialidad del ver o de la mirada* se refiere a la matriz visual de la modernidad que actúa como un modelo jerárquico que racializa. Este régimen visual mantiene la distancia entre el observador y lo observado. En particular, Barriendos, a través del estudio de la matriz visual del colonialismo y de las imágenes-archivo reproducidas por los conquistadores, señala cómo estas fueron un poderoso dispositivo para autorizar una conquista *natural y deseable* para la *redención* del «Nuevo Mundo». Sobre la invención del salvaje y el caníbal se han trazado las rutas de los barcos esclavistas, una etno-cartografía del consumo de esclavos que se extendió metonímicamente, desde las Antillas menores hasta África. La mirada colonial afirmó que todo el «Nuevo Mundo» era caníbal y con él también África.

La modernidad colonial se expandió impulsada también por estas imágenes, produciendo una doble desaparición: el sujeto observado y el ocultamiento del observador. Las reflexiones de Barriendos al respecto afirman que «modelado por las visiones demonológicas de los misioneros, la literatura de viaje de los conquistadores, las historias de los cronistas de las Indias, los argumentos jurídico-territoriales de los encomenderos[44] y la retórica del imperialismo cartográfico, desde el interior de la mirada panóptica colonial [...] surgió lo que [...] definimos como la colonización del ver. Es a través de esta colonización de la mirada que se articula la matriz etnográfica y racializante del comercio transatlántico, así como el sustrato imperial de la cartografía expansionista» (Barriendos 2011, 13-29). La colonialidad de la mirada construye una alteridad extrema, inventa un «más allá» de la alteridad.

---

44. La encomienda colonial (a partir del siglo XVI) consistía en entregar territorios y sus habitantes a encomenderos españoles. Esta institución consolidó la colonización mediante el sometimiento físico, moral, espiritual y religioso de las poblaciones indígenas.

Figura 3. *Alegoría de América,* Jan van der Straet (1575)

La expansión europea en la tierra habitada por «los caníbales y los salvajes» justifica y garantiza mano de obra para el «desarrollo» del «Nuevo Mundo». Sin embargo, si se *mira bien,* precisamente esta acción de expansión es la que marca el canibalismo más potente: el otro, en su existencia, es devorado. Mirada antropófaga en la que su observación es (de)gestión de la alteridad descubierta en los siglos XV y XVI y que persiste en la retórica actual de la interdependencia geopolítica, en la interculturalidad que resta importancia a las diferencias, en las negociaciones comerciales de la era poscolonial, en la globalización (Walsh 2013a). La matriz etnofagocitadora de *la mirada colonial* se ha traducido también en las retóricas de ciertos programas de cooperación internacional hacia los «países en vías de desarrollo» y en la promoción de cierto turismo solidario. Junto a la figura del «salvaje y el caníbal», que se fue desvaneciendo con el tiempo, apareció la del «subdesarrollado, el pobre, el étnico, el exótico, el inmigrante».

La fase de denuncia del pensamiento decolonial latinoamericano fue acompañada por la elaboración de la fuerza vital restablecida por la memoria colectiva y la cosmogonía ancestral, también gracias a la contribución de las pedagogías feministas. Tener en cuenta la colonialidad (en particular de la mirada) inicia un compromiso por un nuevo diálogo inter-epistémico, principalmente para la pedagogía intercultural, que no puede ser mono-epistémica. La perspectiva pedagógica decolonial latinoamericana vive un camino de lucha continua. Catherine Walsh (2013a, 25) propone una pedagogía viva, comprometida, que *se hace* territorio y defiende la vida. Una pedagogía que resiste a la mirada única con un pensamiento crítico, que sabe construir lugares «alter-(n)ativos» de (re)existencia y elabora pedagogías de la felicidad y del *buen vivir.*

Construir un acuerdo inter-epistémico, dialogando así con otras epistemologías, es una acción de liberación para todos.

FÁTIMA

Conocí a Fátima a través de una amiga, debíamos compartir la misma casa por dos, quizás tres meses. Pasaron dos años y la casa, con ella y su hija, fue mucho más cálida. Fátima es una formadora, una mujer «experta en experiencia», ella sabe atravesar los mundos sintiendo toda la fatiga, que en ella se convierte en fuerza, encuentra la luz en la oscuridad. Ha participado por muchos años en las actividades de Casa di Ramia, un centro cultural para las mujeres, un servicio del Ayuntamiento de Verona, dependiente del *Consejo de la Igualdad de Género. Actualmente está involucrada en acciones de empoderamiento para y con mujeres. Su relato cobra vida a partir de un entramado de relaciones que surgieron durante los círculos narrativos a los cuales participó, guiados por Susanna Bissoli y Elena Migliavacca en Casa de Ramia. Es un componente del Laboratorio Saperi Situati de la Universidad de Verona, www.laboratoriosaperisituati.com.

La historia que narra en este libro es como un espejo, crea un juego de puntos de vista que permite aprender a observarse a través de la mirada del otro. Rompe la narración de la historia en sentido único y da voz a las historias silenciadas, ocultadas.

La historia de Fátima Lebron responde a la voluntad de reabrir, en el plano hermenéutico, qué puede decirnos una pedagogía decolonial aquí, en Italia, en Europa. Su escritura revela aquel otro lugar que solo Fátima puede enseñarnos en el «aquí». Su mirada atraviesa la nuestra.

EN MI PIEL: LA ASPIRACIÓN AL BLANCO. DE FÁTIMA LEBRÓN OVIEDO

Todos tenemos un poco de negro detrás de la oreja. Es un dicho común en la República Dominicana. Crecí en un barrio popular de Santo Domingo donde había una humanidad hecha de todas las esfumaturas del blanco y del negro. En toda mi infancia y al inicio de mi adolescencia, me decían que tenía los cabellos malos, que debía mejorar la raza, o sea blanquearla, casándome con un hombre más blanco de piel que yo. ¡Estas cosas eran dichas con la misma ligereza de *hoy llueve*! Cuando tenía catorce años, mi mama me alisó el cabello, evento que esperé toda mi vida, primero para escapar a la tiranía de mi madre sobre mi cabeza y segundo porque, finalmente, ¡tendría *los cabellos buenos*! Los míos eran malos, veía la diferencia con las otras niñas. A ellas las peinaban mejor que a mí, yo era fea. Desde pequeño te das cuenta que eres diferente, pero peor. ¿Cómo se puede crecer bien con este tipo de pensamientos?

Las relaciones que veía estaban ligadas al color de la piel, notaba que a las personas de color los trataban diferente de los de piel clara. Cuando digo «de color», lo soy también yo, me refiero a los que son mucho más oscuros que yo. Soy mulata, una mezcla de negro y blanco.

Había un señor que venía a casa de mi abuela, era un amigo de infancia, se llamaba Magullen. Era muy pobre, venía a cortar la hierba. Veía a Magullen a través de mis ojos de niña como una persona desafortunada, pobre y dependiente de los otros. Mi abuela muchas veces no tenía dinero para pagarle, pero él aceptaba hasta un plato de comida. A esa edad pensaba: «Nosotros somos más ricos que Magullen». ¡Qué suerte no ser así de pobre! Este pensamiento estaba en el límite de mi mente, no era del todo claro, pero sí consolador.

Había una escalera inmensa en nuestra sociedad, donde, por arriba, estaban las personas en mejor condición que nosotros, por abajo, muchas otras que estaban peor. Una buena parte de estos eran negros. Obviamente había blancos y mulatos que eran pobres. Estamos mezclados, pero nuestra economía está en manos de los blancos, no de los negros.

El negro venía asociado a la pobreza, a los trabajos humildes, especialmente los que están ligados a la tierra, al analfabetismo y a la brujería. Sobre él se condensaban todos los prejuicios y los insultos: «el negro es comida de perro, el negro se cree gente, el negro la hace a la entrada o la salida». La discriminación en el tiempo ha descendido a lo más profundo de la gente, a un nivel que no es racionalizada, se da por descontado. Son expresiones racistas que denotan un deplorable atraso social y educativo.

También la religión africana, el vudú, ha sido siempre vista como una práctica de gente salvaje y sin cultura, pero muchos dominicanos, para problemas muy serios, tienen un brujo de confianza. Nunca quise saber de esta religión, le tenía miedo, de hecho. Cuando no sabemos, sentimos miedo por lo que hemos oído, no por experiencia directa. ¿Por qué deberíamos practicar la religión de los esclavos? Todo esto pasaba en mis pensamientos y en mi carne, casi como detergente para lavar mi piel que, niña y después adolescente, quería que fuera clara. Pero ni siquiera era consciente de eso.

«La discriminación racial esta sepultada en el sistema social y en los aspectos más profundos del imaginario colectivo. El deseo de blanquearse es el de escapar a la raza; una actitud que refleja la alienación ancestral de los primeros hombres negros y mulatos, tenía sus raíces en la devaluación del hombre negro», escribe Miguel Rojas Mix en su libro *Los cien nombres de América*. No sabía nada de discriminación treinta y cinco años atrás. Vengo de una familia de mulatos y de negros. Crecí dentro de una «normalidad» donde los blancos son los dueños de todo. Desde la industria hasta los canales de televisión.

En los libros que he estudiado, tanto en la escuela como en la universidad, se cuentan solo historias de la magnificencia e inteligencia de los europeos y de los americanos. Ningún libro habla de África como un continente que tiene una historia importante. También las historias de los pueblos originarios de América han sido escondidas, algún personaje viene citado, pero solo para contar su derrota, como en el caso de Moctezuma. Abya Yala tiene una historia maravillosa, casi al nivel de la de Egipto, pero no viene narrada. Abya Yala es el nombre ancestral del territorio que hoy se conoce como América Latina, en la lengua kuna significa «tierra noble que acoge a todos» y «tierra joven en plena madurez». Era mejor presentar América como una tierra de salvajes, adoradores de sacrificios humanos y a la Europa conquistadora como la portadora de la *luz de la razón*. A todo lo que podíamos aspirar era, y desgraciadamente es, a ser como los blancos: la imagen del negro esclavo sometido, que desempeña los trabajos más humildes, incapaz de entender y de pensar en abstracto, ¡no la quería nadie!

Recuerdo que cuando era pequeña no se veía en la televisión ningún negro; en los bancos, en las cajas y en las oficinas de las grandes empresas, trabajaban exclusivamente muchachos blancos o casi blancos, trabajaban también negros, pero nunca en contacto con el público. Cuando a mitad de los años 90 comenzaron a salir en TV las primeras caras mulatas y negras, me sentí, de hecho, orgullosa. Me di cuenta, con el tiempo, de que los negros eran excelentes en el ámbito deportivo; en los espectáculos televisivos eran buenos comediantes; en las películas eran los ladrones o los delincuentes.

El deporte ha ayudado, aparentemente, a sacar a la luz la imagen del negro pobre y alienado en mi país y en otras partes. La República Dominicana es un laboratorio de las Major League de *baseball* americano. De nuestro territorio han salido, y salen, una buena parte de los mejores jugadores de baseball de todos los tiempos, como Juan Marichal, y los más recientes, Vladimir Guerrero y Alex Rodríguez. Ellos han contribuido a dar una imagen diferente. Se hicieron famosos en el mundo entero y esa fama comenzó a abrir algunas puertas.

Los hijos de los ricos no van a jugar baseball. Son los pobres los que mandan a sus hijos, todavía pequeños, a estos campos de entrenamiento en busca de una vida mejor para su familia.

Hay jugadores negros que se convirtieron en hombres muy ricos. Venían de una realidad de pobreza y degradación; como es el caso de Sammy Sosa. Nacido en Consuelo, una zona donde se encuentra un «batey», una comunidad haitiana empleada en el corte de la caña de azúcar. Sammy fue uno de los peloteros hijos del *marketing*, por su bravura. Estaba en todos los cotidianos, era invitado en programas televisivos. Todos lo querían, era una máquina de hacer dinero, pero Sammy no pudo sustraerse a su negritud y ha querido blanquearse, literalmente. Pasó del negro al blanco con algún tratamiento cosmético de última generación. No obstante que él fuera famoso por lo que era, un gran jugador de *baseball*, tenía un malestar por dentro que no le permitió disfrutar de su fama siendo negro sin la necesidad de volverse blanco.

La herida es profunda. Está ahí en el inconsciente colectivo de todos nosotros. No la vemos, pero ejerce una presión que dice: «¡No eres suficiente!».

No soy ni negra ni blanca, la sangre de las dos razas corre por mis venas. Somos un continente que debe hacer paz con tres identidades diferentes: la foránea, rapaz y conquistadora; la autóctona, abatida y sometida; la negra, secuestrada y desenraizada de sus raíces, llevada allende los mares, convertida en mercancía de cambio, animales de carga de un comercio deshumano. Condenados sin apelación *a no ser*. No sé si por mis venas corre sangre indígena, espero en Dios que sí, porque al menos sabré que una parte de mí, aunque pequeña, pertenece realmente a la tierra donde nací.

Cuando tenía 15 años me enamoré de un muchacho más blanco que yo, un blanco con un poco de negro detrás de la oreja. Tenía un apellido de blancos, Elliott. En mí flotaba ese malestar sin nombre que me hacía sentir poca cosa para él. Era algo que estaba en el bosque oscuro de mi mente, que me hacía sentir fea, tal vez un remanente de la escuela donde siempre me sentí como el patito feo. Su familia era blanca y un poco racistas. Era el orden natural de las cosas, si eres un poco blanco no te casas con una más negra y viceversa. Era una regla no escrita, pero practicada. Su padre tenía los ojos color celeste, la mamá también era blanca, los dos vivían fuera del país. Dentro de mí sentía que era una relación destinada a no durar en el tiempo. Cuando me dejó por una muchacha más clara que yo casi me lo esperaba. En ese tiempo pensé que ella era más linda, pero en el fondo sabía que él no habría tenido una relación pública conmigo. Al final, después de muchos años, él se casó con una mujer blanca con la que tuvo tres hijos.

Esta primera pérdida importante en mi vida, quería locamente a este muchacho, me colocó el pensamiento subconsciente de querer solo hombres blancos (debo decir que esta elección estaba también influenciada por una figura paterna que como marido dejaba mucho que desear y no quería, en la manera más absoluta, un connacional para hacer una familia).

Toda mi vida me sentí un poco incómoda cuando iba a lugares fuera de mi entorno; un restaurante de cierto tipo, un hotel o un teatro. Era como si hubiese atravesado un umbral que no me pertenecía. Me sentía como un pez fuera del agua. Mi papá me inscribió en la Alliance Françoise, quería que aprendiera ese idioma que a mí me encantaba. Nuestra situación económica en ese momento era buena y podíamos permitirnos pagar un instituto costoso como ese, pero no me sentía cómoda. Ahí estudiaban los hijos de los ricos, todos blancos o mulatos blancos, negros muy pocos en aquel tiempo. Veía que miraban siempre cómo estaba vestida, ellos sabían que era *del otro lado del muro*, en aquel *apartheid* no trazado pero real, muy real. Tenía siempre vergüenza, pero estudiar ahí me hacía sentir importante y al mismo tiempo que no pertenecía. Dos sentimientos contrastantes con los cuales debería continuar luchando.

Afuera del instituto los padres de estos muchachos los esperaban en sus autos de último modelo, yo salía escondida, deslizándome por el muro. Una vez mi papá me fue a buscar con un amigo que tenía un Mercedes Benz, me sentí en el séptimo cielo porque pude fingir, por un día, ser rica. Un condicionamiento operante, ahora lo sé, pero entonces solo sentía el precio, el peso y el yugo.

Terminé la escuela superior, me fui a buscar trabajo para poder pagarme la universidad. En vez de ir a la pública, como hacían todos en aquel tiempo, decidí ir a una privada que me costaba la mitad de mi sueldo de ese entonces. Trabajaba de las ocho de la mañana hasta la cinco de la tarde, hora en que comenzaban las lecciones. Cogía a la carrera un autobús para poder llegar puntualmente en retraso, pero también aquí me sentía incómoda. Era como transparente, me escondía detrás de los otros, hablaba poco, trataba de hacer amistad, pero era muy tímida y no era fácil abrirme con los otros.

Mis compañeros de curso, todos de clase media y media alta, solían hablar del bar tal, el hotel o restaurante tal, para mí desconocido. Mis finanzas me consentían ayudar a mi mamá, pagar la universidad, que en el 1992 era de cien euros, cada cuatro meses. Muy alta en aquel tiempo. Venía de otro mundo donde las prioridades eran otras. Para mi fortuna había otros estudiantes que, como yo, hacían esfuerzos para estudiar en esta universidad que tenía un cierto prestigio, lo que garantizaba, al final de la carrera, un trabajo.

Pasé toda mi adolescencia y parte de mi vida adulta con el sentimiento de ser menos, era algo abstracto, estaba ahí sin forma, no podía definirlo como racismo o discriminación. Circulaba en mi sangre y terminaba en mis ojos. No me daba cuenta, todo era natural, normal. Era consciente de no venir de una familia rica, por lo que achacaba a la falta de dinero el malestar que sentía. Veía que en la universidad los más buscados y populares de la clase, casi siempre, eran los blancos o con la mejor situación económica. Se establecía una casta dentro de las aulas, alrededor de la cual giraba la vida universitaria. El pensamiento subconsciente de que me casaría con un blanco creció con el tiempo, a la par de las desilusiones acumuladas de una muchacha que creía, en cada historia, en el final feliz.

A los veintiún años conocí a mi primer marido, italiano. Me casé

No terminé la universidad, me convertí en esposa y madre. No era lo que había soñado, quería graduarme, ser autónoma. Cuatro años después me separé de mi marido. No era el príncipe azul que esperaba, se parecía a

Barba Azul, se convirtió en el depredador de mi psique. Pasé de ser una muchacha segura de lo que quería en la vida, a una mujer incapaz de entender o razonar en el giro de pocos meses. Me costaría mucho salir de aquella trampa, pero en ese tiempo no lo vi venir.

Seis años después me casé con otro hombre blanco, siempre italiano, caí en lo mismo. Me fui a vivir a Italia con él para comenzar una nueva vida. Su familia me recibió con los brazos abiertos, fui la atracción del momento, pero nadie me hizo sentir diferente. Todos fueron gentiles conmigo, pero el problema en Italia era otro. Existía el estereotipo de la mujer latinoamericana depredadora en busca de fortuna, en detrimento de italianos imbéciles, por lo que sentía ese peso encima.

También en esta relación comenzaron los problemas. Mi marido se comportaba como un niño de 37 años, celoso y caprichoso. Me sentía 10 años más grande que él. Por un asunto de una herencia en su familia comenzó una especie de disputa. Un día salgo con su sobrina por Roma, a comprar ropa para ella. Él me espera en la casa con mis maletas listas para que me fuera, dice que no me quiere ver. Quedé impactada por su comportamiento. Su madre interviene tratando de hacerlo entrar en razón sin éxito. Decido irme, pensando que el tiempo lo haría madurar. Después le pido intentar vivir juntos, pero lejos de su familia, era el niño de su mami, no había crecido. Él me responde que no deja su casa y yo lo dejo ir.

De Roma me transfiero a Macerata, una amiga me hospeda en su casa. Busco trabajo por todas partes, pero Italia está en crisis, la zona de Las Marcas estaba llena de empresas de calzado, muchas estaban cerrando. Me encuentro en una ciudad bellísima, pero me siento como una extraterrestre que ha aterrizado en medio de la plaza del pueblo. Todos me miran de modo extraño. Me siento incómoda cada vez que salgo a la calle. Tengo la sensación de que me miran mal. Si estoy sola, no entro en ninguna tienda. La ciudad es hermosa, pero no me gusta para nada. Juzgo a esa gente como «campesina». El problema era que no me sentía observada por ser negra, me sentía juzgada por ser latinoamericana. Yo tenía que demostrar, por primera vez en mi vida, ¡ser una mujer seria y honesta! No era implícita la cosa. Tenía que demostrar que no era una mujer fácil. ¡Qué rabia!

Me convertí en una mujer agresiva con los hombres, siempre a la defensiva, una especie de mamba negra dispuesta a lanzar veneno a cada palabra fuera de lugar. Decidí dejar el centro de Italia. No aguantaba esas miradas tendenciosas. Me fui al evolucionado y cosmopolita norte, en busca de una vida mejor, eso pensaba yo.

En Milán quedé sorprendida de los enormes edificios del centro de la ciudad, ahora era yo la que se sentía «campesina». Roma es bellísima pero diferente, no me intimidaba, Milán sí. Es una de esas ciudades pensadas para transmitir un aura de poder. Me perdí en sus largas avenidas. Veía una caleidoscópica humanidad; desde el fanático de la moda, vestido de pies a cabeza con las mejores marcas, al mendigo que dormía en el banco del parque. Una ciudad de extremos, peligrosa. Ahí vi por primera vez a la gente caminar con una prisa enorme, es como si dijeran: «¡Quítate de en medio, debo llegar rápido a cualquier parte! A pesar de venir de una metrópolis aún más grande, Milán me daba miedo, tal vez porque estaba sola como nunca antes en mi vida.

En esta ciudad aprendí el significado de la palabra *soledad*, no la había sentido nunca. Aquí mi malestar volvió aún más fuerte, me sentía inadecuada, demasiado negra y poco preparada para buscar trabajo. Pero debía buscarlo. Leí un anuncio, en una pastelería en el centro de la ciudad buscaban personal, hice un currículum y me dirigí al lugar. Cuando llegué cerca del sitio vi la vidriera del negocio, era bellísimo, un lugar maravilloso. Estaba lleno de tortas de todos los colores, era el sueño de todo niño. Adentro eran todos blancos, blanquísimos y la niña insegura que habitaba en mi salió a flote. No fui capaz de entrar, me sentí muy negra, muy fea para trabajar en un lugar así. Algo dentro de mi decía: *«¡Nunca te darán el trabajo!».* Me sentí mal conmigo misma, disminuida, era una *cosa*. De seguro, no era culpa de aquella gente que ni siquiera me habían visto, el problema era yo y todo el mundo que arrastraba dentro.

Me quedé en Milán ocho meses. Encontré trabajo en el bar de una peruana en vía Molise, una de las peores zonas de la ciudad. El trabajo en ese bar era comparable a una guerra cotidiana. Trabajaba con gente que vivía al margen de la sociedad y a ese bar venían para hacer «negocios», hablaban libremente en su idioma, sin problemas, seguros del hecho de que nadie los entendía. También aquí debía combatir el estereotipo de la mujer fácil, pero no con los extranjeros que eran los clientes habituales, con los pocos italianos que frecuentaban el bar, ellos pensaban que «redondeaba» después de mi turno de trabajo.

Ha sido el trabajo más horrible de mi vida, el más riesgoso. Hubo uno que me amenazó con pegarme y yo, buena latinoamericana como soy, le prometí abrirle la cabeza en dos como a una auyama, si me hubiese puesto un solo dedo encima. *¡Cuando el perro ladra, tú ruges!,* me he dicho siempre. Después de un mes estaba fuera de aquel bar.

En Verona descubrí América en medio de Europa

Verona fue para mí la ciudad del ascenso al Gólgota, fui crucificada sin una madre que llorara por mí a los pies de mi cruz. Resucitar me costó siete años de mi vida.

Llegué aquí por una querida amiga que con el tiempo se reveló no tan amiga, pero en ese entonces era la única familia que tenía cerca. Comencé a trabajar como *barista* en el mismo bar donde trabajaba ella. Aquí también tuve que luchar con el estereotipo de las latinas. El problema de la piel no existe, todo lo contrario, a una buena parte de los hombres italianos le gusta la «piel exótica». El modo en que se comportan con nosotras es diferente de como lo hacen con la mujer italiana. Se sienten en la libertad de tocar, rozar, decir estupideces, absurdidades. Conmigo encontraron un hueso duro de roer, era peleona, siempre con la respuesta en la punta de la lengua y venenosa. No era simpática para muchos, pero ellos tampoco para mí. Encontraba a muchos de estos hombres de un nivel cultural muy bajo y sin espina dorsal.

Tengo que admitir que vengo de una cultura machista donde el hombre tiene la idea de poder hacer lo que quiera con las mujeres. Eran muy pocos los clientes con los que lograba hablar de otra cosa que no fuera el clima, el deporte o el chisme de turno. Con el tiempo aparece una persona interesante, un tipo simpático y educado. Siempre con la sonrisa en los labios, pero está casado. Nada que hacer.

Al final del 2006, comienzan los problemas entre mi amiga y yo, la luna de miel entre amigas termina. Me doy cuenta de que, aunque los gastos los dividimos exactamente en dos, ella siente que el apartamento es suyo, tiene más derechos, el contrato está a su nombre. No lo dice, pero la actitud es esa. Me da órdenes que debo obedecer. Mi hijo había llegado al final de septiembre de ese año y vivía con nosotras.

Dejé el trabajo en el bar, no soportaba la prepotencia de la propietaria ni la red de espionaje que había creado sobre nosotras. Al mismo tiempo, la «querida amiga» me dice que me vaya. Debo encontrar otra casa. Encuentro trabajo como barista en una discoteca latina, gano ciento veinte euros a la semana, insuficientes para vivir. La discoteca tenía una cocina donde trabajaba una señora dominicana con la que hice amistad, me mudo a su casa, y por ello le pago un pequeño alquiler. Mi hijo y yo dormíamos en una habitación por debajo del nivel de la calle. Tenía una pequeña ventana que cuando la abría entraba el humo de los vehículos, hacía un frío bestial en invierno. Había solo una estufa eléctrica para darnos calor.

En este punto de la historia, aparece el hombre simpático antes mencionado, que conocí en el bar cuando llegué a Verona. Cuando mi hijo llegó, tuvo la gentileza de regalarle una bicicleta. Tenía una empresa que suministraba a bares, restaurantes, pizzerías, podía ayudarme a encontrar trabajo. Comenzó a invitarme a salir, siempre en compañía de un amigo. Al poco tiempo, me encontró un trabajo donde una cliente suya tenía una pizzería. Viéndolo preocupado en ayudarme a arreglar mi vida, pensé que se había separado de su mujer. De hecho, recordaba una conversación que tuvo con un amigo en el bar, delante de mí, donde le decía que dentro de seis meses se habría separado, lo único que no decía era de qué cosa.

Dejó al amigo en casa y comenzamos a salir solos. Reíamos como dos tontos entre un Prosecco y un Lugana. Salíamos todas las noches, a veces nos quedábamos hasta tarde. Me dijo que me ayudaría a encontrar una casa para que tuviera un lugar solo para mí y mi hijo. Y así fue.

Me parecía increíble que un hombre con el cual no tenía una relación de verdad quisiera empeñarse conmigo. La única razón para mí era que estaba enamorado, ¡era obvio! Me sentí feliz. Tenía a alguien que se preocupaba por mí, finalmente no estaría más sola. A él le gustaba leer, ir al cine, visitar pequeñas ciudades, todas las cosas que me gustaban a mí. Para mí era la persona justa; noble, trabajador responsable, atento a todo y me miraba como si yo fuera un continuo acto de magia. Abrí el corazón a esta persona como se abre una flor al sol. La presa que retenía mis sentimientos se rompió, un río de emociones, sueños e ideas se depositaron en este ser humano.

Me mudé finalmente, ¡que felicidad! Tengo una casa mía y la puedo pagar. Trabajo en la pizzería y en la discoteca los fines de semana. Mi hijo tiene su habitación y yo la mía. Nosotros dos comenzamos a tener una relación de verdad. Tiempo después algo comienza a cambiar. Mi príncipe azul no encuentra tiempo para mí. No salíamos ya a tomar el aperitivo por las tardes, ni a ninguna otra parte. De vez en cuando, vamos a comprar comida china, pero nada más. No logro entender por qué. ¿Qué ha sucedido? Me lamento, hago los típicos chantajes, pero él se queda impertérrito. A todo dice que sí, cuando de hecho es un no.

De este punto en adelante no veo ya la realidad, veo solo que se me está resbalando de las manos y tengo miedo de fracasar en esto. Siento que tengo que luchar con todas mis fuerzas para que no suceda. Sale del armario mi baja autoestima, no soy bastante buena, no merezco encontrar la felicidad. Comienzo una guerra con él y conmigo. Con él porque no me da lo que quiero, conmigo porque quiero la familia que he imaginado juntos. Mi mente creó un mundo donde vivo con este hombre. Él me hacía sentir segura, protegida y, además, teníamos una gran química a nivel físico. Me había dicho muchas veces que quería un hijo, que lo había buscado sin lograrlo. Me tomo esto como un desafío y caigo en la estupidez más grande del mundo, la de pensar que si tenemos un hijo todo será diferente. Me convenzo de que será un buen padre. Tenía 34 años y me sentía lista para tener otro hijo. Después de todo, es la persona que quiero en mi vida.

Rezo mañana, tarde y noche, alguien habrá quedado sordo en el cielo. Tenía una fe a prueba de balas, sabía que me quedaría encinta. En tanto, la relación entre nosotros sigue tambaleándose. Él es una anguila que continúa resbalando. De mí coge una parte sin necesidad del resto, una cosa que me hiere. A veces me siento sola, usada, aunque sí era con mi permiso. Le había dicho a este hombre que no me interesaba una relación ocasional o intermitente. Descubrí que no se estaba separando, nada del tipo. Quise creer en lo que había oído. Puedo solo decir que no me parecía la persona que le pone los cuernos a su esposa. Lo veía como un hombre serio.

Llegados a este punto, me cansé y me dije: «¡Basta!». Pero la vida tiene un sentido del humor muy negro. Exactamente el día que digo basta y decido poner una piedra encima a esta relación, descubro que el buen Dios me había mandado un rayo con un tiempo perfecto, realizándome mis continuas y sostenidas súplicas de quedar encinta. No era un final, era un inicio, pero no como lo pensaba yo.

Le digo que venga a casa y le cuento. Su reacción me dice un mundo de cosas. No está exultante, hace una media sonrisa. Es, por decir poco, petrificado, fulminado por la bella noticia. Me asegura que no me va a faltar nada, como si eso fuera lo que quiero oírle decir. Se me viene el cielo encima, no veo felicidad en él, solo la aceptación de lo inevitable.

Tuve el embarazo más horrible que una mujer pueda imaginar. Cuando tenía tres meses él me dijo de volver a casa para estar cerca de mi familia, que me mandaría mil quinientos euros todos los meses. Le respondo que no, quiero quedarme. Me digo a mí misma que quiero que enfrente todo el proceso, pero al decidir esto me meto una daga en el pecho y la hago girar ¡*ad infinitum*!

Si los niños sienten todo lo que sienten las madres cuando están en el vientre, mi hija sufrió muchísimo. Era infeliz en grado superlativo. Me hicieron un parto cesáreo después de catorce horas de un dolor inenarrable y esta persona no tuvo la delicadeza de ni siquiera traerme un ramo de flores, para agradecerme el haberle dado una hija a la cual puso por nombre Victoria, porque para él había sido una victoria, para mí una pesadilla, no por mi hija, por lo que estúpidamente había esperado.

Caí en una depresión postparto. Me sentía sumida en un mar negro y denso del cual no conocía los límites y sus ondas me arrastraban siempre más al fondo. Conmigo en la casa solo estaba mi hijo, no lograba hacer nada por el dolor físico y mental que sentía. Me dolía hasta el alma. Él venía una o dos veces al día a ver a la niña. Nació grande, de diez libras. No podía casi alzarla. Yo era la no deseada, había fallado otra vez.

Cuando la niña tenía tres meses le dije que quería visitar a mi familia, de otro modo me volvería loca. Me fui y con ellos encontré un poco de fuerza, pero el mal estaba radicado en mi alma. Me sentía perturbada, no lograba pensar con claridad. Tenía pensamientos obsesivos que no podía sacar de mi cabeza, veía solamente otro fracaso: había hecho otro hijo que tenía que criar sola. La vida me había metido de frente en una situación en la cual debía luchar para encontrarme a mí misma. Estaba perdida.

Tuve una cita con un psiquiatra que puso un poco de orden en el caos de mi cabeza. Me dijo que estuviera tranquila, que no estaba loca. Me pidió reflexionar sobre mis límites y los límites de los otros. Reflexioné, pero no fue suficiente. Continuaba flotando en el mar negro y denso. La única cosa que me daba placer era comprar libros. Ellos me han ayudado siempre en los momentos más oscuros de mi vida. Son amigos confiables y se pueden consultar siempre sin cansarse. En el mercado del libro usado me sentía muy a gusto.

Encontré uno de un tal Yogananda, *Autobiografía de un Yogui*, este libro me llena de maravilla, habla de cosas que no había escuchado nunca. Encontré la punta del hilo y como en el cuento de Hansel y Gretel sigo las migajas de este nuevo modo de percibir el mundo. Después encuentro otro libro de título, *La revolución interior*, de uno con nombre extraño, Bhagwan Rhee Rajneesh y ¡se hizo la luz! Luz en el pozo profundo donde había caído. Es conocido como Osho. Había leído ya un libro suyo, pero no me dijo nada. Cuando descubrí que era la misma persona todos los pelos de mi cuerpo se erizaron, todavía hoy no sé por qué. Solo sé que este hombre salvó mi vida.

Sus palabras me hicieron reaccionar y asumir mi responsabilidad en el psicodrama de mi vida. Una frase suya fue el detonador de esa toma de consciencia: «¡Si eres feliz es tu culpa, si no eres feliz también es tu culpa!». Yo creía que no tenía ninguna responsabilidad, era solo una víctima de los otros, del caso o de la fortuna. Estaba enojada con Dios, sentía haber sufrido lo suficiente y merecer la tan esperada felicidad, que puntualmente se me escapaba. Pretendía mucho, demasiado. Descubrir que somos responsables de lo que nos sucede es un duro golpe de aceptar. Nosotros elegimos siempre y es aquí donde entra nuestra responsabilidad.

Después de Osho continué buscando y descubrí a Gurdjieff, Castañeda, Steiner, Alan Watts y tantos otros que me dieron una perspectiva más amplia de la existencia. Ninguno de ellos me dijo quién era yo, pero entendí lo que no soy.

Encuentro Casa di Ramia

Casa di Ramia es un servicio para mujeres del *Comune* de Verona. La primera vez que fui no quise entrar, no confiaba en los servicios estatales. Sentía que me trataban como a una deficiente. Volví a mi casa. No quería sentirme interrogada sobre mi vida; ¿qué haces, qué no haces, porque estás aquí? Las preguntas de siempre. No quería llenar un formulario donde tengo que poner la fecha de nacimiento hasta de mi bisabuelo.

Días después, volví. Decidí superar mi miedo. Mi deseo de cambiar algo en mi vida era más fuerte. Pulso el timbre. Me abre una señora con una sonrisa de oreja a oreja, le sonríen los ojos, ¡ufff! Me relajo. Ella es supergentil. Me explica cómo funciona la casa. Me dice que hay diferentes grupos que hacen laboratorios. Todo es gratis, puedo venir cuando quiera. Esta mujer me gusta, es muy dulce, me hace sentir como en casa. Es un mundo de mujeres y necesito estar con mujeres, me hace falta mi mamá. Y es así como nace mi relación con Casa di Ramia. Elena Migliavacca, fue ella quien me abrió la puerta, es la responsable, hizo todo lo posible para que sintiera el deseo de quedarme.

De ahí en adelante, me apropio de la casa. Voy a todos los grupos, hago todos los laboratorios. Aprendo tantas cosas que en mi vida habría imaginado.

Encuentro un *melting pot* que me enseña sin enseñar. El primer grupo al que fui fue al de costura con Anna Turri. Aprendí a usar la máquina de coser. A través de la costura encuentro otras mujeres que cuentan la vida y sus problemas mientras aprendemos a hacer la falda derecha.

Tiempo después, empecé a frecuentar el grupo de narración de Susanna Bissoli. Ella me ayuda muchísimo, es una artista en encontrar la punta del hilo de la madeja de nuestra vida. Es hábil en rascar dentro del alma a través de sus estímulos para contar historias sobre el cabello, una puerta o una mudanza. Al inicio, me parecían temas banales, me decía: «¿Qué sentido tiene contar una historia sobre una puerta o quién nos peinaba de pequeñas?». Me parecía absurdo hasta que me di cuenta de que era un modo para entrar, sin hacer ruido, en los lugares escondidos de nuestra memoria.

Recordé cosas que creía desaparecidas en los intersticios de mi memoria. A través de estas historias comencé a sanar viejas heridas. Sentada en el círculo he dejado caer complejos e inseguridades. Me di cuenta que todas somos iguales. Hablaba con mujeres de todas las partes del mundo que sufrían como yo las mismas cosas. Entendí que mi drama no era el peor, porque lo peor no tiene fin. Cada una de esas mujeres me dió algo. Viví sus historias mientras la narraban: lloré, reí, me enojé, amé intensamente, luché junto a ellas. Sentía que sus historias narraban también la mía. Me reconocía en ellas; las emociones y los sentimientos, el deseo y la esperanza. No éramos diferentes, éramos iguales, pero cada una en su propio universo. Ha sido una de las experiencias más importantes de mi vida.

En la casa aprendí a hablar en público, una cosa que me bloqueaba desde la escuela primaria; a pensar en positivo, a ver el lado bueno de lo que comúnmente llamamos «errores», pero, sobre todo, aprendí que las mujeres tenemos el poder de sanarnos las unas a las otras.

Cada laboratorio era siempre una experiencia, tanto por el trabajo que hacíamos como por la relación que se creaba entre las participantes, que podían ser tanto extranjeras como italianas. El intercambio de saberes es uno de los motores principales de Casa di Ramia junto con el aprendizaje del italiano y la narración.

Aprendí a trabajar en grupo, dejando aparte el Yo para poner en primer lugar el Nosotros. A través del tiempo, sentí tanta gratitud por ese espacio, que creció en mí el deseo de dar mi contribución en modo tal que otras mujeres pudieran hacer una experiencia similar a la mía. Me dije a mí misma que dondequiera que fuera hablaría de Casa di Ramia. Me autodenominé embajadora de la casa.

En el círculo de narración se disolvieron muchos prejuicios, estereotipos y preconceptos inconscientes que he arrastrado toda mi vida. Paso a paso encontré mi propia voz y aprendí a utilizarla, a decir lo que pienso y lo que siento.

En el grupo de narración conocí a Sandra Faith Erhabor. El encuentro con ella cambió para siempre la perspectiva con la que veía el problema de la discriminación. Escuchándola entendí que ella, que es mucho más negra que yo y con sobrepeso, esté orgullosa de ser lo que es: ¡una mujer negra nigeriana! Me lo enseñó a través de sus historias, de su vida cotidiana, siempre en lucha contra un sistema que la mira de arriba abajo. Nunca se dejó abrumar, no se dejó homologar, no se dobló a este mundo que la quiere servil y agradecida. Además, me enseñó que debía sentirme orgullosa de haber nacido negra, aceptarme a mí misma y no bajar la cabeza ante nadie. La fuerza de esta mujer, su energía, el poder en ella, encendió el mío. Comencé un proceso de reflexión de todo lo que me habían transmitido. Lo puse todo en discusión, era como si hubiese caído el velo de mis ojos. El sufrimiento, el malestar que sentía era por esa sensación con la que he vivido siempre de sentirme inadecuada, no merecedora.

Crecí en una sociedad profundamente racista, mucho más de cuanto lo sea Europa, es algo que nosotros mismos, los dominicanos, no queremos admitir, es demasiado doloroso. Fingimos que todo es normal, al final, siempre hemos vivido así. Es tiempo de arremangarse y dejar de lamentarnos. El racismo existe y existirá, lo que puede cambiar es el modo en que nos vemos a nosotros mismos. No es la sociedad la que debe definir quiénes somos nosotros, es exactamente al contrario, somos nosotros que debemos decirle a la sociedad quiénes somos. No me importa si me definen como blanca, negra o amerindia: yo soy lo que soy, el resto es la nada en el vacío.

Casa di Ramia llegó a mi vida en un momento providencial en el que estaba necesitando un cambio. Me dio la posibilidad de tener una familia sin poseerla y sin que me poseyera. Una familia que siempre estaba ahí esperándome y dispuesta a escucharme, sin recriminarme nunca nada. Es un espacio que funciona bien porque está libre de restricciones y burocracia absurda. No obstante, siendo un servicio del Comune de Verona, es un espacio no institucionalizado. Las pocas reglas que hay tienen que ver con el orden y la limpieza del lugar.

Es un mundo donde cada mujer que atraviesa el umbral puede encontrar su propia dimensión. No hay soluciones a todos los problemas, pero todos los problemas pueden ser compartidos, escuchados, y se trata de resolverlos juntas o, al menos, de sostener a la persona que está en dificultad para que no se sienta sola. Nuestro trabajo es dar todo lo que nos es posible y, a veces, también lo imposible, porque lo imposible se queda imposible hasta que no aparece alguien que cree visceralmente que es posible.

Regresar a casa

Volveré a casa sin mi hija. Perdí la batalla legal que mantuve, por dos años con los servicios sociales y un año con el tribunal. Hice todo lo que podía por llevarla a casa conmigo, pero ha sido ella misma quien ha dicho al servicio social que quería quedarse con su padre. Bastó solo eso para hacerles entender a ellos y, sucesivamente al tribunal, que la niña debía quedarse. ¡Me pareció tan banal! Las razones por las cuales ella, que tenía ocho años, elegía quedarse podían ser diferentes, desde la más simple a la más compleja. Pensé que la relación que el tribunal había pedido al servicio social estaría basada sobre la idoneidad de los padres, no sobre las palabras tomadas de una niña que se veía dividida entre madre y padre. ¿Qué sabe un niño lo que es mejor para él?

Sentí una rabia atroz cuando las mujeres del servicio social me dibujaron en la relación como «una madre que intenta recuperar su rol de mujer en carrera» como si una mujer estuviera obligada a elegir entre una cosa y otra. Solo por el hecho de que les conté la experiencia hecha en Casa di Ramia y de cuánto me gustaría poder recrear algo similar en mi país. Esto nada tenía que ver con mi rol de madre, pero tenían que hacerlo así para justificar la superficialidad con la que manejaron mi caso.

Pues bien, después de quince años en Italia, sola, luchando contra viento y marea por tener una vida mejor, por crear la familia con el marido, los dos hijos y el perro, tomé la decisión, absolutamente consciente, de regresar a casa junto a mi familia dominicana. Regreso después de que la maravillosa Italia me ha dado la posibilidad de crecer y convertirme en una mujer consciente de su propia fuerza. Todo este recorrido me sirve hoy para poder donar algo a los otros, en otro lugar. Estoy infinitamente agradecida con este país. Si me hubiera quedado en Santo Domingo, tal vez, todavía tendría el velo delante de mis ojos. A veces, las cosas se ven más claras de lejos.

POR UNA PEDAGOGÍA DEL ENCUENTRO

> La partícula elemental de la identidad ya no la percibimos en *lo mismo*, sino en el juego de las diferencias, descubriendo con asombro que nuestras identidades juegan el juego de las diferencias [...]. En esta nueva región del mundo las diferencias no enfrentan, vinculan.
>
> ÉDOUARD GLISSANT
> *Poetica della Relazione III*

1. Educadora: «En el primer encuentro en comunidad nunca se hablaron directamente, aunque estaban sentados uno frente al otro, el padre me decía lo que tenía que decirle a su hija y viceversa. [...] Ella nunca le miró a los ojos, siempre mantuvo la cabeza baja».

2. Psicóloga: «¿Estaba también la madre en el encuentro?».

1. Educadora: «No. El padre nos dijo que la madre no quería ver a su hija. Tampoco Fatimatou quería ver a su madre. [...] El encuentro duró 20 minutos, aunque disponíamos de una hora».

3. Mediador: «En nuestro país, normalmente, una chica joven se comporta de esta manera con su padre. Creció los primeros ocho años con sus abuelos y esta es su educación. Además una madre no puede rebajarse a visitar a una hija que no ha vuelto más a casa del colegio. Es la hija la que debe ir a casa a verla y disculparse por lo que ha hecho».

4. Trabajadora social: «El protocolo no permite que la niña vaya a casa de sus padres, los encuentros deben tener lugar en un espacio neutro».

2. Psicóloga: «Lo que nos interesa son los hechos. Son los hechos que indicaremos en el informe para el juez [del tribunal de menores]. En los encuentros con los padres y la chica recogemos hechos, no opiniones».

El fragmento, extraído de la grabación realizada durante una investigación sobre los dispositivos para las familias señaladas como «incompetentes» en sus responsabilidades parentales, suscitó muchas preguntas. Junto con los y las profesionales, se discutieron las dinámicas en juego, los imaginarios sobre las madres y la maternidad, el papel atribuido al mediador y por último, pero no menos importante, el análisis de la definición de *«incompetentes»* comúnmente utilizada por los servicios sociales. Aquí, sin embargo, la atención se centra en la palabra *encuentro* pronunciada por las tres mujeres en cada una de sus frases. Tema recurrente en el lenguaje cotidiano, lo es aún más en el trabajo educativo.

A partir de los discursos transcritos, podemos representar la escena: tres mujeres, un mediador, una investigadora que participa en el encuentro. También podemos imaginar los lugares y personajes evocados. Es una situación tan compleja como transversal a una infinita casuística no solo de las realidades italianas.

Recorramos ahora la palabra *encuentro* tratando de tener presentes las acciones de las personas implicadas en el trabajo socioeducativo, es decir, entre quien pide cuidados y quien los da. El término *en-cuentro* asume varias configuraciones, entre ellas destaco dos que no son contrapuestas sino contiguas: proximidad y distancia. Su composición se convierte en signo de un *entre* situado entre *en* y *contra*. En-cuentro nos lleva a imaginar un espacio existente en la medida en que *no nos adherimos a* y *no nos distanciamos de*. En-cuentro es la visión de un *espacio que se hace*. Es un espacio no pleno, donde es posible encontrar el sentido de una situación que nos parece contradictoria, que no encaja en las reglas convencionales habituales y nos sumerge en emociones que a menudo no nos gustan. Encontrar el sentido en este espacio es buscar una posibilidad de conexión entre mundos presentes, el de la familia y el de los servicios sociales, tan diferentes entre ellos. Encontrar las conexiones significa, ante todo, entrar en relación con la propia mirada. El trabajo de los cuidados prepara para el contacto con las historias del otro, lo que permite la búsqueda de un sentido a las historias, incluso a las inesperadas.

El cuidado es como una danza entre proximidad y distancia, conjunción y disyunción, movimientos contiguos, no en oposición o exclusión, sino orientados a construir un *espacio donde puedan existir los diferentes mundos de la palabra*. No se configura en la lógica comparativa ni en la estrategia intelectual de reconocer en uno lo que le falta al otro. No es un espacio neutro, el en-cuentro, el encuentro, por el contrario, se caracteriza por las presencias únicas de cada persona, por los mundos de los que son portadoras. Son presencias que no podemos eludir, Chiara Zamboni (1994, 10) en el ensayo *L'azione perfetta* (*La acción perfecta*) afirma: «no puedo sustraerme a la necesidad de la situación que vivo, aunque esto pueda resultar agotador, ya que hay que encontrarse con sucesos imprevisibles». El encuentro es el paradigma de nuestra existencia, en el espacio del encuentro se realizan los objetivos de nuestro actuar personal-político-profesional.

En el *en-cuentro* se conocen los propios límites, el cansancio, la desorientación, se hace presente el *contra*. Lo impredecible de la madre de Fatimatou, la mirada de la adolescente hacia el padre son acciones que llevan consigo una especie de choque, una interrupción de la mirada de las profesionales, la cosa no es admisible ni comprensible, es un enfrentamiento[45] que ellas no escuchan, un conflicto que no se ve ni se oye, mientras que la lógica propia de la prospectiva, lineal y consuetudinaria de los servicios sociales (la protección de menores) toma el control del pensar y del hacer. Cuando el *contra* no se oye ni se escucha, el conflicto no se ve y por tanto, no se cuestiona, es decir, no se abre un espacio en el que puedan existir los diferentes lugares de las lenguas. El *contra*, la interrupción, no se convierte en interlocutor.

El *contra*, en cambio, es el «lugar donde experimentar lo infranqueable, lo que no está domesticado por las opiniones y las estructuras actuales. En este experimentar se enfoca un plan que afecta simultáneamente tanto lo se busca como la forma de hacerlo» (Putino 1988, 10). La invitación de Angela Putino supone un punto de partida para la búsqueda de una postura de libertad alcanzable, en primer lugar, a través de la memoria de una historia que pertenece a uno mismo, que supera las claves de lectura «de un pensamiento oficial», ya dado, supuestamente universal. En el trabajo de cuidados el *en* se piensa como un espacio *interno* y *entorno* a uno mismo, que identifica zonas móviles de pensamiento y acción, posibilidades de comprensión y transformación de uno mismo.

Lo que confiere fuerza semántica a *en* es su papel de preposición que dibuja, en nuestro discurso, la topografía de *interno-entorno*. Se trata de dos lugares nombrados varias veces en las frases de las profesionales transcritas anteriormente. *Interno-entorno* se muestran a través de la mirada de quien describe los «hechos». El *en* especifica una mirada desde *dentro*: la comunidad para menores, el espacio –supuestamente neutro– del coloquio, el equipo de profesionales, el tribunal, el protocolo, la protección de menores, el papel profesional y la relación de las trabajadoras sociales con el usuario. También hay un *entorno*: la relación hija-padre, madre-hija, la voz de un mediador extranjero y africano, el lugar donde creció Fatimatou y la educación de su abuela. Las profesionales no cuestionan lo *interno-entorno*, con la ilusión de que la objetividad, la verdad están en la neutralidad del coloquio. Ella, la madre, está doblemente ausente, el mediador, el padre, la educación de la abuela materna resultan como comportamientos y discursos *externos, excluidos*.

Este ejemplo nos ayuda a vislumbrar cómo el *en-cuentro* es un *hacersentirpensar* conectado a lo que sucede en ese momento, que sale de la lógica de predicción en la que los términos de una relación están previstos de antemano. El *en-cuentro* invita a habitar un espacio tercero *entre*. *En* nos enseña a ver los límites de la propia mirada, pensamiento, actitud y desde tal postura buscar lo intransitable. Según Putino (1998, 10), lo intransitable se encuentra en la «capacidad y la justicia de un poder que reside en sus límites». Solo a partir de una «actitud propia que no se basa en las explicaciones corrientes» una mujer, un hombre, puede interrogar estos límites a partir de lo que «profesionalmente» se da por sentado. El camino de la existencia de cada uno consiste en (Putino 1998, 9):

---

45. Enfrentamiento en italiano es *scontro*. La construcción de la palabra *(s)contro* en italiano mantiene la componente gráfica y semántica, *contro* de la palabra *incontro* (N. de la trad.).

Encontrar el punto de palanca que permita hacer emerger la propia historia, la tierra a la que se pertenece. Empezar a pensar para una mujer significa no pensarse como un hombre se piensa a sí mismo [...]. Desenredarse de los cimientos ajenos, de las ciudades construidas sobre el control, reafirmar lo que es propio, desatar los lazos es para la mujer arraigarse en sí misma. Este habitar con una misma y con las otras no nace de un asentamiento, de un encontrar lugar, sino de una disposición nómada: dislocarse de ciertos perímetros para tener territorio, despistar para encontrar huellas. Esta acción continua, esta movilidad es lo que permite tener raíces.

Putino indica el camino hacia una mirada individual y colectiva, fuera de las direcciones ya construidas para asumir la movilidad necesaria para el en-cuentro. En la historia de muchas adolescentes o familias, como la de Fatimatou, adoptar esos protocolos institucionales, construidos sobre un solo modelo educativo y de tutela, alimenta la pretensión de poseer la verdad sobre la relación madre-hija, independientemente de su historia. Este modelo, sostenido por el dominio de un pensamiento que se asume *universal*, produce repetición, lleva a la posesión del menor por parte de la institución y a su integración a través de la asimilación, multiplicando su carencia y a menudo volviendo dependiente a toda la familia de la propia institución.

Según Angela Putino, el proceder propio de las mujeres impulsa a *encontrar la movilidad como raíz*, a estar en presencia para sentir, a poner *orden entre lo impuesto y lo posible,* desbloqueando la antinomia entre verdadero/falso de todo lo que nace. Es una acción expansiva que, figurativamente, adopta la forma circular, o más bien de una espiral en movimiento. Un trayecto no lineal sino curvo en el que se construye el espacio *entre*, el tercer espacio del en-cuentro.

El primer paso hacia el en-cuentro concierne a mujeres y hombres que saben establecer una relación con sus genealogías y sus orígenes, que saben aprovechar la *fuerza* que estas emanan, una energía que no reside en las leyes, sino en el saber enunciarse por encima de ellas, con un registro de libertad, aunque actúen en contextos institucionales. Una fuerza que proviene de aceptarse como mujeres y hombres con un bagaje de saberes y de historia personal y colectiva, pero parcial. Ese saber libera y permite que la *movilidad hermenéutica se haga raíz y ponga orden entre lo que está establecido y lo que es posible.*

En esta acepción, *en-cuentro* es el lugar donde se *percibe y* se *decodifica* la propia mirada sobre el cuerpo del otro y de uno mismo. Por tanto, ver ya no es *el* único sentido que se activa en el trabajo de cuidados, sino que es el sentir con todo el cuerpo, atento al riesgo de la semejanza, de lo exótico, de la carencia. En la red de intercambios establecida por las instituciones y las burocracias se crea un espacio vacío, como un desplazamiento respecto a la dirección prevista, producido por lo *inesperado*, lo desconocido. El *en-cuentro* se da entonces en una relación circular y no cerrada, la forma propia de la transformación. Los proyectos educativos, de acompañamiento o de apoyo tienen como trasfondo el deseo de lograr una transformación de la situación inicial generalmente codificada como malestar, sufrimiento o dificultad. Pero para transformar, primero hay que *transformarse*.

Los saberes que cada uno lleva consigo en el encuentro provocan oscilaciones, desequilibrios, a veces temores, desorientación y estupor. Este sentir del cuerpo se presenta solo cuando se produce el en-cuentro: es decir, cuando nos sentimos tocados y atravesados por las diferencias del otro, que nos parecen una distancia, un excedente, una brecha insalvable que pone en cuestión nuestras vidas. Se revelan aspectos desconocidos de nuestros orígenes comunes y personales (Irigaray 2014). El en-cuentro traza un espacio vacío, generativo, de proximidad. Espacio circular no lleno donde no hay con-fusión, pero sí roce de *quién soy*, *quiénes somos*, *interior y entorno*. El encuentro es lo que le puede ocurrir a cada persona a diario: de camino a la escuela, en una reunión de trabajo, estando con los compañeros o conocidos y, al final del día, cuando nos preguntamos «¿con quién me he encontrado hoy?» recordamos hechos y personas. En cambio, el en-cuentro es el *espacio del pensar y hacer en las diferencias*, mantiene siempre una zona intransitable en la que habita el extraño (del otro y propio).

Fatimatou y su madre, el mediador y las tres profesionales nos enseñan que nosotros somos los en-cuentros que hemos vivido y los que hemos perdido. Destacan cómo el crear *espacios terceros* generativos de en-cuentro es un trabajo y no se puede improvisar. En-contrar, en esta acepción, significa también poner orden entre *lo impuesto y lo posible para hallar una movilidad de pensamiento como raíz*.

HACER VISIBLE DE FORMA DIFERENTE LO YA CONOCIDO

El término encuentro ha despertado el interés de los estudiosos de las humanidades; en el ámbito filosófico y pedagógico, mediante el análisis del pensamiento de Martin Buber, Giuseppe Milan (1994) destaca los valores de la existencia a partir del encuentro y el diálogo, guía para evitar el aplastamiento de la productividad, del eficientismo y del poder como predominio.

Si bien desde el punto de vista teórico se ha dicho mucho sobre el encuentro, y en particular desde la pedagogía intercultural, en el día a día de los servicios socioeducativos se dan cada vez más situaciones «difíciles y gravosas», como afirman los implicados en el trabajo de cuidados. La confrontación con los fracasos, los «casos sin resolver, el «dar mucho sin resultados» pone de manifiesto, por un lado, una gran inversión por parte de los profesionales, por otro, que las modalidades de trabajo consolidadas no son eficaces. Margalit Cohen-Emerique indagó sobre las dificultades de comunicación y comprensión de los profesionales que trabajan con migrantes y desarrolló un enfoque intercultural (Cohen-Emerique 1985, 1993, 2011).[46]

El análisis que la estudiosa propone sobre las numerosas situaciones de choque cultural vividas por los y las profesionales muestra los procesos psicológicos y los puntos sensibles afectados por el trabajo de cuidados con la diversidad (Cohen-Emerique 1985, 270-294). El choque cultural es la «reacción de desorientación, frustración y rechazo, rebelión y ansiedad, en una palabra, la experiencia emocional e intelectual que aparece en quienes, encontrándose por casualidad o por profesión fuera de su contexto sociocultural, se ven envueltos en la aproximación al extranjero» (Cohen-Emerique 1985, 48; 2011, 65). En el libro *Pour une approche interculturelle en travail social. Théories et pratiques*, la autora describe el método del choque cultural, tomando como referencia la singular experiencia de formación utilizada en Honolulu para formar a los trabajadores comprometidos con los migrantes llegados de Micronesia (estamos a principios de los años setenta del siglo xx). Este método, también llamado *método de los incidentes críticos*, revela lo que *yo soy* frente al otro, es un reflejo que se suele percibir sobre el otro como negativo y que causa incidentes en las relaciones. El choque cultural debido a la incomunicación, la incomprensión o el rechazo, se genera allí donde están implicadas algunas *zonas sensibles*, es decir, aquellas que ponen en juego las representaciones fundamentales que se refieren al «quién somos».

Cohen-Emerique identifica siete choques que corresponden a otras tantas *zonas sensibles*: la diferente percepción del cuerpo, del espacio y del tiempo; las diferencias en la estructura del grupo familiar (tipo de familia, sistema de parentesco, papel masculino y femenino, educación de los hijos); las diferentes modalidades de sociabilidad (la noción de persona, la hospitalidad, los regalos, el saludo); el tipo de petición de ayuda; el encuentro con rituales que marcan las diferentes etapas importantes en la vida del individuo; las representaciones del cambio cultural.

Se produce una colisión, un choque con las sensibilidades y las certezas cada vez que el otro, con sus comportamientos y sus palabras, se sale de los esquemas culturales y lógicos de quien lo escucha y lo observa. Subyace el hecho de que no existe una acción neutra, todo pensamiento es sexuado, cada acto está marcado por la lengua, por sistemas de valores, por normas y prácticas que constituyen filtros y esquemas cognitivos y afectivos, incluidos los más inconscientes que se refieren a percepciones selectivas. Además las políticas y los discursos mediáticos construyen el miedo al extranjero y lo diferente.

---

46. Nacida en Túnez en 1934 e hija de padres judíos, Margalit Cohen-Emerique creció en un entorno multilingüe y se vio inmersa en las transformaciones impuestas por la colonización. Sus reflexiones surgen en un contexto geopolítico afectado por las bruscas transformaciones que tuvieron lugar tras la Segunda Guerra Mundial y, en particular, tras la independencia de las antiguas colonias, especialmente en África a finales de los años cincuenta. Comenzó su carrera como psicóloga clínica en el Ministerio de Sanidad de Jerusalén e, impulsada por el deseo de comprender su propia trayectoria migratoria, se orientó hacia los estudios interculturales. Lleva décadas dedicada a la investigación y la formación de profesionales que trabajan con migrantes.

Las posibles fuentes de *amenaza*, que surgen continuamente en las situaciones presentadas por los profesionales implicados en el trabajo de cuidados y que Cohen-Emerique señala, se refieren al predominio, en el escenario esperado, de las ideologías neoliberales y homogeneizadoras de la modernidad; a la omnipresencia de un modelo de comunicación que se representa a sí mismo como libre y transparente y que tiende a negar las jerarquías y las relaciones de poder; a la valoración de la racionalidad en la comprensión del mundo y de las relaciones humanas y, por último, pero no por ello menos importante, a la fuerza de ciertos modelos/ roles específicos atribuidos a cada profesión. La *amenaza,* así articulada, puede llevar al profesional a interrumpir la acción, pero también a un mecanismo de «hipercomprensión» igualmente peligroso porque –a largo plazo– lleva a relaciones asistenciales estancadas que producen una dependencia mutua y una cronificación de actitudes y comportamientos entre profesionales y usuarios.

La intuición de Cohen-Emerique consiste en considerar que «lo intercultural» implica una atención en la relación entre el yo y el otro, entre el yo portador de culturas y el extranjero que remite a lo que yo soy, jugando el papel de espejo de la identidad. Y, a menudo, se trata de un reflejo negativo. ¿Cómo situarse en este juego de espejos? Para la autora el enfoque intercultural es una vía posible, que consta de tres etapas: el *descentramiento,* el *descubrimiento del marco de referencia cultural del otro, la negociación-mediación* (Cohen-Emerique 2011, 165). Pero me pregunto qué quiere decir con *descentramiento* y si es posible. Tomar conciencia del propio marco de referencia, escuchar las propias zonas sensibles y hacer del choque cultural un lugar para la revelación de los malentendidos, o de las incomprensiones, ayuda también a reconocer los propios prejuicios frente al otro, ayuda a ver los propios límites.

Sin embargo, si aceptamos la cuestión del descentramiento como realmente aplicable, el riesgo subyacente es la convicción de que sea efectivamente posible apartar la mirada del centro de la cultura que nos ha forjado. Cohen-Emerique afirma que se puede adquirir «una cierta neutralidad cultural» que permite relativizar los propios valores respecto a los del otro. Un paso previo a la segunda etapa relativa al «descubrimiento de las referencias culturales del otro» (Cohen-Emerique 2011, 167). Esta afirmación abre una serie de interrogantes: si informarse puede facilitar modalidades de acercamiento, como por ejemplo aprender una palabra en la lengua del otro, un saludo, conocer la forma de relacionarse entre la pareja de los padres, las bases generales de la educación para los niños y las niñas, incluso el estudio de la religión o del mundo espiritual del que proviene el otro, otra cosa muy distinta es pensar en «descubrir» las referencias culturales del otro (de todos los otros). No es humanamente posible si no se es «nativo» (Griaule 2002). Tampoco es factible aprender cuáles son las referencias de mujeres y hombres que han venido de muchos países y muchas lenguas, que han cruzado mundos o que llevan varias generaciones asentados en un territorio. Significaría sostener que las referencias culturales son inmutables, que es posible, para el investigador/ trabajador, penetrar en el universo del otro, con el riesgo de generalizar y describir un pueblo y sus sistemas de representación del mundo. En última instancia, en el fondo de la mirada que pretende descubrir las referencias del otro, puede encontrarse el patrón de lo fascinante, de la mera curiosidad, el deseo desenfrenado de una comprensión que puede «matar».

Presumir de conocer las referencias del otro es suponer que uno sabe ponerse en «los zapatos del otro», en su punto de vista y, en definitiva, hablar en el lugar del otro. Se trata de un riesgo que produce daños en la relación de ayuda cuando no se detecta, pero si se problematiza, surge la pregunta: *¿desde dónde observo? ¿De dónde viene mi mirada?* Entonces se puede abrir otro espacio de diálogo, como en una espiral, donde poder(se) en-contrar.

El descentramiento, en el discurso dedicado al en-cuentro con el otro, se refiere al aprendizaje de los propios límites, a la escucha del yo íntimo y a la apertura de un espacio para la presencia del Otro, Otro que sigue siendo incognoscible y sagrado (Certeau 2000). En el espacio del en-cuentro, lo sagrado comparte la dimensión íntima que toda lengua materna lleva en sí misma, «en el corazón íntimo y carnal de una lengua está custodiado lo sagrado, y su estilo es vincularse íntimamente a los demás, no ser algo que se pueda alinear en un solo estante junto a diferentes experiencias culturales. [Es un vínculo que] remite a una experiencia de habla carnal, en parte inconsciente, ciertamente afectiva, que no acaso llamamos materna» (Zamboni 2006, 9-10).

Hacer visible de una forma diferente lo ya conocido es un ejercicio de transformación, al mismo tiempo interior y exterior. Un trabajo que sabe mantener un espacio generativo donde pueden existir los diferentes lugares de la palabra, condición sin la cual solo habría repetición. Para no producir un discurso que siga siendo formalmente idéntico cuando las diferencias en el terreno son múltiples, otro paso teórico-práctico consiste en ejercer el *etnocentrismo excéntrico*.

ETNOCENTRISMO EXCÉNTRICO

El término etnocentrismo se compone de dos elementos semánticos: *ethos* ('pueblo, tierra a la que se pertenece') y centro. Caracteriza a todo ser humano en la medida en que cada persona se reconoce inscrita en un pueblo, en una tierra, lengua y cultura en las que nació y creció. El término fue acuñado por el sociólogo Summer en 1907 e indicaba la tendencia a identificar los grupos distintos del propio, con particular referencia a los valores, normas y costumbres educativas (Smelser 2011). Si el etnocentrismo es una condición que se construye *naturalmente* en las sociedades y en las vidas individuales, cuando hay una supervaloración del propio grupo el efecto relacional hacia el otro diferente es devaluativo, con resultados devastadores.

Excéntrico es una palabra que procede del griego *ék*, que significa 'fuera de' y *kéntron* 'centro', cosa o persona *desplazada*. En italiano, excéntrico es sinónimo de bizarro, fuera de lo común, fuera de lo normal, fuera de sí. La dimensión excéntrica de la subjetividad, apreciada por el feminismo contemporáneo (Lauretis 1999) piensa las subjetividades superando los paradigmas de lo idéntico y considerando las diferencias (sexuales, culturales, lingüísticas, las prácticas sociales, los símbolos, etc.) como elementos que participan en los procesos de decisión en la expresión de una mismo y en las prácticas educativas.

Al fin y al cabo, cuando nos planteamos «quiénes somos» y la pregunta a nosotros mismos se hace radical, diríamos que estamos «fuera de sí». Y a menudo percibimos una brecha con nosotras mismas, nosotros mismos, sentimos un excedente (Cislaghi 2012). Adquirir un *etnocentrismo excéntrico* supone no perder de vista *el límite*, la parcialidad, aprendiendo a acoger los propios confines. Admitir los límites de la propia mirada, construida y constructora de categorías y, por eso, capaz de desplazarse, de volverse *excéntrica*, es un verdadero entrenamiento, como cuando nos preparamos para un acontecimiento importante de nuestra vida.

Ser consciente de un etnocentrismo que habita grupos e individuos es otro elemento que frena los prejuicios y limita el poder performativo a la hora de observar al otro. Se toma conciencia del propio punto de vista y de la propia mirada y debido a esta localización la vista es limitada, pero se está dispuesto a encontrar otras áreas de visión, con otros y otras (Sclavi 2003). Este posicionamiento requiere aprender a pensar fuera de los esquemas prefijados, es un riesgo que se asume.

Familiarizarse con un *etnocentrismo excéntrico*, en el trabajo educativo y de cuidados, es una acción que implica cierta fuerza, cierto coraje, que promete y permite otros movimientos y descubrimientos. No se trata de descentrarse desplazándose hacia las «referencias culturales del otro», sino de activar la parte excéntrica del propio pensar y ver. Es hacer ese vacío que sabe estar en la diferencia como puesta en juego de lo múltiple. Permanecer en el etnocentrismo excéntrico es un esfuerzo recompensado por un mayor autoconocimiento, por la posibilidad de abrir contextos polihermenéuticos de conocimiento, porque son muchas las miradas que se encuentran en ese espacio tercero no pleno, que se configura en el encuentro. Es un espacio difícil de crear, que se excava con las uñas y genera una zona común en la que se deposita algo que es un excedente, a partir del cual se puede generar un plus de lo verdadero, de lo justo, del bien. Un bien común.

Entrar en los «marcos» en los que se basa cualquier epistemología requiere una posición excéntrica para encontrar una posible conexión con la otra y el otro. Se trata de una apuesta: hay algo distinto de lo que *inmediatamente* (sin mediación) aparece, es decir, se abre una pista de investigación que no procede por similitudes o meras diferencias, sino que en las diferencias busca un camino posible que despliegue y diseñe el juego de la interacción y la comprensión mutua. Funciona como un acorde en música: cada nota mantiene su especificidad y, precisamente por eso, el acorde hace vibrar un sonido que, en su conjunto, ofrece belleza al oído y a todos los sentidos. La distancia y la cercanía entre los sujetos se redibuja, la cartografía de la relación cambia, se transforma en la narración de historias que antes de ese en-cuentro no eran imaginadas. Este tipo de relación evoca un *vínculo* particular, útil para comprender y sentir. Chiara Zamboni (2001, 114) lo describe como:

> [...] un vínculo puesto en juego para comprender y no para subrayar la semejanza o la diferencia [...]. Es decir, un vínculo que se convierte en intérprete de la realidad y no en mero elemento común. Una señal de que la apuesta ha tenido éxito reside en el hecho de que lo que se llega a comprender del mundo provoca reacciones conflictivas, porque no estaba previsto por los códigos dominantes.

Asumir la postura excéntrica es experimentar lo inédito y no un mero sabor de lo *diferente* ni una aproximación genérica y llana *a la cultura del otro* para *reconocerlo*. Estar en una posición excéntrica hace sentir una *desorientación,* un *desconcierto* (Cima 2005), todo el cuerpo está involucrado en un *lugar otro,* justo allí donde nos sentimos en casa y poseedores de un saber. «La capacidad de sentir el desconcierto del 'lugar otro' es lo que define al poeta», escribe Glissant (2007, 38) y no hay lugar que no tenga un *lugar otro.* Tratar de adquirir un etnocentrismo excéntrico es un ejercicio constante que conduce a identificar los pasos para *pensar de otro modo,* identificar *otros afectos* y obtener *efectos otros.*

Es una posición *interna* de la mirada que mira al *entorno.* Salir de la confrontación, de la dialéctica, de las comparaciones, de las oposiciones, para orientarse hacia la narración de la experiencia. Hacer pensamiento de la experiencia no es solo una cuestión individual (Buttarelli y Giardini 2008), concierne a la dimensión pública y política.

Dotarse de un pensamiento capaz de *etnocentrismo excéntrico* es un acto de libertad para quien realiza investigación, para las profesionales del cuidado y, tal vez, también para los beneficiarios de los servicios sociales. No se trata de trasladarse del centro a los márgenes, subrayando la dimensión de la distancia de un discurso principal a otro secundario, sino de *habitar un espacio fuera del centro y fuera de los márgenes,* un espacio donde se vive una intimidad pública, donde la materia de la vida se muestra con una mirada que tiene una naturaleza táctil, sensible, emocional, donde se está en movimiento.

DIFERENCIAS

La experiencia humana, según la acertada expresión de Julia Kristeva (2014), muestra que somos «extranjeros para nosotros mismos». Por un lado, las diferencias caracterizan la vida de cada uno y, por otro, marcan el sentido de pertenencia. Entre las diferencias y la pertenencia se desarrolla la dimensión existencial de *extrañeza* (como indica Kristeva), que marca un rasgo común a todos los seres humanos. Un oxímoron bien retratado por el significado que Simone Weil da a tener raíces. «La necesidad de tener raíces es quizás lo más importante y lo menos conocido del alma humana. Difícil definirlo. El ser humano tiene sus raíces en la participación concreta, activa y natural, en la existencia de una comunidad que conserve vivos ciertos tesoros del pasado y ciertos presentimientos del futuro» (Weil 1990, 14).

Las raíces, tal como Simone Weil las entiende, son expresión de una participación colectiva en la pertenencia anterior, presente y futura. La visión que la filósofa nos propone se aleja de la imagen de un enraizamiento organizado en función de una «identidad», idéntica solo a sí misma, a un régimen específico de pertenencias. El cruce de fronteras y mundos que realizan las personas hoy en día marcan el advenimiento de nuevas subjetividades que participan al mismo tiempo en varias «comunidades». En los contextos multiculturales se desarrollan simultáneamente «culturas» capaces de construir modelos de pertenencia diferentes de las precedentes, inéditas, que saben *habitar* las diferencias y *estar* entre las diferencias (Sironi 2007).

Este estar y habitar lo exige la vida, en su cotidianidad. La práctica de partir de sí, aportada por el feminismo de la diferencia italiano (diotimafilosofe.it), indica una manera de disponerse en la relación consigo mismo y con el mundo. No procede por comparaciones, no va al enfrentamiento ni se limita a deconstruir. *Partir de sí* es una filosofía práctica.

Esta práctica cambia la relación consigo mismas/os y el mundo, en cuanto al arraigo en la diferencia de ser mujeres u hombres, entendidos no como categorías homogéneas, sino como singularidades sexuadas. Favorece una nueva civilización de relaciones entre los géneros y, más en general, de relaciones que valoran la alteridad (Irigaray 2007). Partir de sí no significa relatar las propias vivencias, sino nombrar y objetivar el lugar desde el que se toma la palabra (Diotima 1996). En cuanto *práctica* no responde sólo a un *qué,* sino a un *cómo* proceder y orientarnos, es exactamente lo contrario de la ilusión de encontrar por sí solos/solas la propia autosuficiencia. Partir de sí es un disponerse hacia una misma y hacia la otra, hacia los demás, para desmantelar lo ya dado y establecido en el sistema cultural y abrirse a lo imprevisto de los conocimientos relacionales. En otras palabras, uno no se cuestiona desde un conocimiento general y objetivo para luego llegar a un conocimiento específico y particular de la propia situación. En realidad, se parte de los sentimientos y las contradicciones vividas en primera persona, porque saber verlas e interpretarlas es un modo de devolver la verdad del mundo al mundo mismo. Por una parte, se valora mucho la experiencia concreta, por otra, no se la convierte en un hecho personal, sino en una señal del mundo en que vivimos (Zamboni 1996,156).

Pongo como ejemplo la performance *This Invisible World*, nombre que Yance Ford, estudiante afroamericana, dio en 1993 a su actuación en el prestigioso Hamilton College del estado de Nueva York. Su cuerpo de mujer semidesnuda encerrada en una jaula colgada a cuatro metros de altura en el vestíbulo del Departamento de Ciencias Sociales quería denunciar la estigmatización de las diferencias de raza y género y afirmar la fuerza subversiva y el poder de un gesto de resistencia.[47] De una diferencia que parte de una misma para *ir hacia*.

No todas las diferencias tienen la misma naturaleza, el mismo peso y no todas quieren verse. Aún hoy, lo que hay que combatir en las escuelas, en las plazas y en los lugares públicos reclama una acción: hay diferencias producidas por una mirada racista que se fija en el reconocimiento de sus propias ideologías, incapaz de sentir el asombro, de ver la belleza, la conmoción, la maravilla, lo excéntrico que traen las diferencias. El gesto de Ford es tan poderoso como un cuerpo expuesto. Para mí, tiene la fuerza de una ola marina que desborda y al mismo tiempo despierta las conciencias para una transformación cultural que afecta a la vida, al sentido del trabajo con las diferencias y al trabajo del encuentro.

Ciertamente, en estos discursos siempre está implícita la cuestión de la *verdad*, qué *verdad*, y cada vez está más claro que la búsqueda de *verdad* y de vida posible sale de las lógicas de dominio. El en-cuentro y el etnocentrismo excéntrico son prácticas, son una postura del ánimo y del alma, de la persona y de una colectividad. Requieren una elección política. No se trata de sustituir *nuestra verdad* por una *multitud de verdades* cuando estamos en situaciones educativas y de cuidados, sino también cuando salimos a la calle o subiendo a un autobús. Tampoco se trata de transformar una única verdad en múltiples verdades, porque corremos el riesgo de mantener intacta «la verdad» del más fuerte. El encuentro con las diferencias nos impulsa a no repetir los errores del pasado, a asumir nuestras propias responsabilidades para reabrir los horizontes epistemológicos, para acoger con amor la vida en todas sus manifestaciones y hacer florecer nuestra humanidad. En las bifurcaciones y en las encrucijadas que el tiempo multicultural impone a la vida de todos, lograr convivir y no simplemente «integrar» al otro (acción impuesta por la cultura dominante), pasa por reconocer nuestras fronteras para abrir horizontes de en-cuentro entre y en las diferencias (Irigaray 2014).

La medida de los pasos: experimentar las diferencias

Cuando hacemos ciertos en-cuentros, la diferencia es una puesta en juego de lo múltiple. Hace unos 20 años en Italia me encontré con Serigne Babacar Mbow y su esposa Sokhna Aïssa Cisse. Han marcado la apertura

---

47. La performance de Yance Ford ha sido descrita por Chandra Talpede Mohanty en el libro *Feminism without Borders: Decolonizing Theory, Practicing Solidarity*, Duke University Press, Durham 2003, en el capítulo titulado *Race, Multiculturalism, and Pedagogy of Dissent*.

a nuevos itinerarios, como a menudo suelen hacer los lazos de amistad, libres de planes y firmemente arraigados en las casualidades de lo que sucede. Con ellos conozco la realidad de N'dem, un pequeño pueblo de una tierra afectada por la sequía que, gracias al trabajo de muchos brazos, (re)nace alrededor de una historia contada de una generación a otra, de una visión y de un retorno. «Estábamos nosotros dos, bajo una tienda de campaña levantada del suelo con cuatro palos, la arena, el Harmattan, los pájaros azules y su canto», así Sokhna Aïssa cuenta su llegada a N'dem.

Tras la firma de un acuerdo entre la Universidad de Verona y la ONG Villageois de N'dem, fundada por el matrimonio Mbow, se estableció una estrecha colaboración para la formación de las educadoras de la Universidad, hasta el punto de institucionalizar la experiencia de unas prácticas profesionales en el extranjero para las jóvenes que cursan el segundo y tercer año de la licenciatura en Ciencias de la Educación y la carrera de Trabajo Social.

Vivir en el pueblo y con su comunidad, participar en los proyectos internacionales de la ONG, estar en las escuelas y trabajar con las mujeres del pueblo, observar y observarse es uno de los objetivos de las prácticas.[48] La ONG Villageois de N'dem se encarga de acoger y acompañar a las futuras profesionales durante su estancia, y desde 2011 hasta 2016 participan 18 alumnas que se turnan para permanecer en la ONG un mínimo de un mes y un máximo de dos. El itinerario de formación se estructuró en tres espacios: la preparación para el encuentro en una tierra «desconocida», a través de talleres en la universidad; la elaboración de la experiencia durante el periodo de prácticas, mediante la redacción del diario etnográfico, partes del cual se comparten y discuten conmigo, la tutora académica de las prácticas, tanto de forma presencial, cuando yo también estoy en el pueblo, como por correo electrónico; y, finalmente, la reelaboración en grupo al regreso de las estudiantes. La formación inicial favoreció la apertura de una *zona fronteriza* en la que profundizar en los núcleos temáticos del enfoque del en-cuentro (el saber situarse y posicionarse en la dimensión personal y geopolítica, el partir de sí, el análisis de los modelos

---

48. La ONG reúne 30 pueblos que se extienden en la zona rural de la región de Diourbel, a unos 130 km de la capital de Senegal y se caracteriza por el camino místico de los baye-fall. Los fundadores de la organización no gubernamental (ONG) Villageois de N'Dem son Serigne Babacar Mbow y su esposa Sokhna Aissa Cissé. A pesar de referirse al islam africano y precisamente a la cofradía del mouridismo, la vía sufí baye-fall practica la religión de una forma radical, centrada en la acción del servicio al prójimo, la vida comunitaria, la dimensión mística del trabajo, del respeto a la Tierra, la sumisión al propio maestro (Pezeril 2008). En N'Dem hay otra diferenciación del bayfalismo, marcada por la presencia del guía espiritual y de su esposa que trabajan junto a las personas del pueblo, manteniendo el estatuto de autoridad y referencia para el camino espiritual de los hombres y de las mujeres. Otro elemento es la acogida de las personas, independientemente de las religiones a las que pertenezcan. Sitio web de la ONG: https:/ong-ndem.org/.

Las escuelas en las que se han realizado los períodos de prácticas son de tres niveles: una guardería para niños y niñas de 3 a 6 años gestionada autónomamente por la ONG, una escuela primaria de 6-11 años, una escuela estatal en la que es obligatoria la lengua francesa, una escuela-taller de formación en mecánica, agroecología y lenguas para los jóvenes de los pueblos asociados, gestionada por la ONG.

de relación con el otro, el situar la propia visión de las diferencias en una dimensión personal y colectiva).

Una vez llegadas *al terreno de investigación*, la atención hacia su relación con el contexto se centró inicialmente en la inversión de la realidad vivida hasta ese momento: de ser las que acogen como italianas (Italia tiene un porcentaje muy elevado de personas procedentes de Senegal) a ser acogidas por senegaleses.

La realidad de N'dem es particular: Serigne Babacar Mbow, fundador de la ONG, nace en Dakar de una familia que había dejado el pueblo de origen, como muchas de las familias que viven en la capital. Nunca había visto el pueblo natal de sus antepasados, pero lo imaginaba gracias a las historias de la esposa de su padre que le habló de este lugar desde muy pequeño, sembrando en él el deseo de descubrirlo. Como muchos de sus compañeros, partió hacia Francia, donde amplió sus estudios en la Facultad de Letras y conoció a su futura esposa, de origen francés. Compartió con ella el deseo de volver, el compromiso político y social sostenido por una intuición que lo acompañaba desde su infancia: construir su familia en N'dem. Así, en la extensión de arena del Sahel, salpicada de arbustos y unida por gigantescos baobabs, guardianes de todos los seres, hoy surgen numerosas aldeas, cosidas por pistas amarillas y rojas. A su vez, los senderos dibujados por los caminos de mujeres, hombres, niños y animales bordan el paisaje. En 1985 nació la Association des Villageois de N'dem, con el objetivo de unir fuerzas para hacer frente a una grave situación sanitaria, económica y social que había empeorado progresivamente.

En este contexto, bajo una tienda de campaña que vibra al viento, Babacar y Aissa, un hombre y una mujer, tan diferentes en el contraste cromático, pero de fuerte entendimiento espiritual, retomaron el ritmo del trabajo, de la oración, del compartir. Las esteras trenzadas con los tallos de mijo, izadas sobre la arena, provisionales como el terreno sobre el que se apoyan, hoy dibujan un modo de habitar emparentado con el brote, imagen extraña para quien no conoce el desierto. Pero los brotes germinan audaces, trayendo vida allí donde hay una grieta, una abertura, una hendidura, una gota de agua. Los biombos divisores sirven para proteger las cabañas del viento, para garantizar un espacio propio en la comunidad, para dar acogida, para distinguir los diferentes lugares donde vivir. Marcan también la zona circular de la *daara*, lugar de oración y de vida, de acogida para los peregrinos de los pueblos lejanos o circundantes, pero también para los que llegan de muchas partes de Europa.

Durante la estación seca, el trayecto de la capital, Dakar a N'dem dura unas tres horas en coche, mientras que en los transportes locales se tarda un día entero. En esas zonas las distancias no se miden en kilómetros, sino que las marcan las estaciones y los medios con los que se viaja. Las relaciones que se establecen con el mundo circundante, cercano o lejano, contribuyen a un proceso de desarrollo duradero, en el que la espiritualidad atraviesa la vida cotidiana. Tras una jornada de trabajo, los habitantes se reúnen con sus pequeños en torno a los cantos y oraciones de la noche. A menudo hay visitantes, gente de paso, peregrinos, amigos, desconocidos. Todos pueden disfrutar de la música, el cielo estrellado y la invitación a la meditación. *Lâ ilaha illâ Llâh* es la canción que vuelve y se repite. Podría traducirse así: «No hay más realidad que la Realidad divina, no hay más ser que el Ser divino», *lâ ilaha illâ Llâh, lâ ilaha illâ Llâh...* acompañan estos coros de gestos solidarios y acogedores. Serigne Babacar Mbow y su esposa Sokhna Aïssa Cissé están al servicio de la gran comunidad de N'dem. Lo mismo hacen todos sus habitantes. En este lugar las estudiantes de Ciencias de la Educación de la Universidad de Verona hicieron sus prácticas.

A continuación relato solo algunos núcleos temáticos que las estudiantes destacaron como transformadores, dejando que sean sus palabras, extraídas de los diarios de campo y de la reelaboración de la experiencia, las que nos guíen en la comprensión del *trabajo del encuentro con y entre las diferencias.*

> Solo cuando pasó un tiempo me di cuenta de que las personas que conocí allí no me debían absolutamente nada, que nadie me había pedido que me fuera ni que encontrase el valor para hacerlo: era yo, en cambio, quien estaba en deuda. La comunidad de los Baye Fall me acogió sin pedir nada a cambio. Este pensamiento me hablaba tanto de la no aceptación en su totalidad, mía y de otros, como de una lógica que, paradójicamente, a menudo y de buen grado, apoyamos: la igualdad en las relaciones entre el norte y el sur del mundo; la voluntad de derribar todas aquellas formas de pensamiento asistencial, herencia de la larga experiencia colonialista europea, pero todavía firmemente implantadas en las cabezas de muchos (¡por desgracia también inconscientemente en la mía!). (Giulia)

El trabajo de deconstrucción del imaginario exótico sobre África, sobre los niños y las mujeres africanas se ha hecho eco del sentirse blancas, europeas, situadas en un lugar concreto.

> He visto una imagen de mujer respetada y muy a menudo exaltada, pero siempre por su condición de esposa y sobre todo de madre. He visto mujeres poderosas que desempeñaban roles destacados en la comunidad, pero siempre por su origen familiar. Por último, he visto muchas paradojas, que incluso en «nuestro mundo» se pueden observar a simple vista. Mi condición de mujer, además de blanca, hizo que la experiencia fuera única, para bien y para mal. Me sentía objeto erótico, pasaporte, desnuda a pesar de estar cubierta hasta los tobillos, diferente, especial, fuerte. Todo esto a través de la mirada del otro sobre mí, el acercamiento realizado en primer lugar por mi parte hacia los demás y luego viceversa. (Rachele)

Sentir la desorientación como una posible vía de acceso para problematizar el propio posicionamiento tuvo como efecto medir los pasos en el encuentro con las diferencias, ayudando a distinguir las desigualdades formales y de principio de las desigualdades/injusticias reales.

> Hubo un momento en que, casi de repente, en una especie de epifanía joyciana, me di cuenta de que por mucho que intentara despojarme de la mirada

extrañada, de mi ser occidental, no podía conseguirlo. La comunicación, estar juntos, el intercambio nunca es individual, sino social y cultural y yo aporté mi cultura así como los Baye-fall la suya. Había sido estúpido y quizás también insensato tener la presunción de poder dejar todo ese sistema, esos guiones, esos esquemas en el avión: en cambio tenía que trabajar en su aceptación y modulación. Sobre su justa organización. (Silvia)

Aquí hasta los más pequeños forman parte de la vida comunitaria, la infancia no está idealizada e intocable como lo hacemos nosotros. Se les ve encendiendo fuego, haciendo café, ayudando donde se necesita. Son independientes y prácticos. Nunca he visto a nadie reñirlos y los adultos parecen mucho más pacientes, les dejan hacer sus cosas sin regañarles cada dos segundos. [...] varias veces he oído a pequeños grupos de niños sentados en círculo discutir sobre Dios, sin que ningún adulto estimulara la conversación. (Arianna)

CUANDO EL EN-CUENTRO TIENE LUGAR

En la pedagogía del en-cuentro el enfoque de la relación con el otro se piensa como una tensión que man-tiene (lleva de la mano) la irreductibilidad de las diferencias y hace de ella un *lugar* en común entre los seres humanos. Si, en general, la educación intercultural hace hincapié en el intercambio continuo, la puesta en común de valores y el crecimiento mutuo, a veces de forma fácil e inmediata. *El enfoque pedagógico del en-cuentro marca la distancia, el límite, la fatiga y la atención de estar en la bifurcación, toma conciencia de la existencia de la colonialidad del saber y de la mirada, ve la visión eurocéntrica y los legados del colonialismo.* En estas encrucijadas de la vida social y comunitaria, educar se convierte en una acción excéntrica, expresión de la *posibilidad de conocerse y hacer juntos sin tener que integrarse por ello. Cuando se produce el en-cuentro, algo ya no es lo mismo que antes, no son las cosas y las personas las que cambian, es la mirada que toma conciencia de sí misma, se predispone a formas de conocimiento que vienen de otros espacios, revelan caras diferentes del «quién somos» en relación con el otro y con el mundo.*

Hay múltiples formas de culturalidad porque hay un *inter* representado por todas las culturas portadoras en su seno de una relación constitutiva y transformadora al mismo tiempo; un *pluri* que pone de relieve las diferentes presencias dentro de una misma cultura; un *multi* testigo de la existencia de algo más fuera, en el mundo. Algo más que contribuye, con el mismo nivel de dignidad cultural y científica y el mismo impacto de valores, a construir formas de interpretar el mundo, el ser humano, la educación, el cuidado. Por eso, una pedagogía del en-cuentro mantiene en tensión el aspecto de lo plural, de los numerosos otros, de los entre-mundos. Tiene en cuenta la desorientación que se puede vivir en la relación, sabe situarse y delimitar las fronteras desde las que toma la palabra. Es un enfoque que mantiene las relaciones en la complejidad, dando a la dimensión del conflicto la forma de una investigación en la que participan varias personas, con el fin de resaltar, por ejemplo, las incoherencias no visibles de algunas acciones educativas. Tal búsqueda no es sinónimo de procesos de integración, al contrario, una búsqueda común, por un bien común es posible si las partes conservan lo que las caracteriza, lo que las hace existir.

Las estudiantes, en su inmersión en diferentes lenguas, geografías, formas de vida, pudieron hacer un trabajo de deconstrucción del imaginario exótico sobre África, sobre los niños y las mujeres africanas, pero también sentirse un cuerpo situado en un lugar. Algunas exploraron maneras de estar en las asimetrías impuestas por la colonialidad, en formas divergentes, excéntricas, haciendo de ellas saberes encarnados para sus vidas. Todas han participado en narraciones inesperadas frente a esa primera «desorientación» que ofrece la mirada cuando uno se sumerge en la relación con un mundo que encuentra por primera vez.

Cuando el en-encuentro se cumple surge un saber que proviene de una experiencia compartida con otras que se vuelve narrable y, en ciertos aspectos, transmisible. Es un saber encarnado en los cuerpos, nunca definible *a priori*, y que cada vez que lo narras se convierte en algo nuevo, se transforma en un plus de conocimiento.

HISTORIAS MAESTRAS:
VER DE OTRA MANERA

No hay lugar que no tenga un lugar otro

ÉDOUARD GLISSANT
Poetica della Relazione III

Hay narraciones que expresan la materia de la vida, no es casualidad que cuando escuchamos una historia digamos: «Estamos conmovidos», algo nos mueve. Decimos también: «Esta historia nos toca», el sentido del tacto está implicado, el interior de nuestro cuerpo se hace sentir, resuena una emoción que recibimos a través de la narración del otro. ¿Cómo se convierte en narración esta sensación del cuerpo? ¿Qué espacio necesita para transformarse en conocimiento situado?

Este último capítulo está dedicado a las narraciones que han surgido en círculos de palabra entre mujeres, en diferentes lugares de la ciudad de Verona. Son espacios de investigación conectados entre ellos por el deseo de dar juntas un sentido al propio trabajo en el ámbito educativo, buscando aquellos conocimientos situados y encarnados que están a disposición de todas y todos cuando asumimos la responsabilidad de nombrar las cosas que hacemos, que encontramos, que pensamos.

El feminismo nos enseña que lo *esencial* se gana con el intercambio «que no se ha decidido ya en otra parte, un intercambio que pasa por gestos y significados aún por hacer juntos. El pensamiento de la experiencia debe verificarse y calibrarse con otras, con otros, con la realidad [...]. La experiencia es algo más y algo menos que las palabras que podemos decir. Ciertamente necesita ser pensada, dicha, comunicada, pero no se resuelve en los discursos» (Buttarelli y Giardini 2008, 11). Necesita acciones.

Adoptar un enfoque decolonial en la investigación educativa implica trabajar a través de las contradicciones y asimetrías presentes entre el poder de la palabra de quien investiga y de quien es formado, del profesional y del usuario, a menudo mujer y a menudo considerada un *caso social*. Ver la colonialidad presente en los actores de la investigación y en las teorías que guían la propia investigación no es suficiente para llegar a un en-cuentro, a un «plus de verdad co-construida». ¿Es necesario hacerlo?

Es precisamente el hacer lo que ha permitido elaborar el concepto de «historia maestra», gracias a una investigación con las trabajadoras socio-culturales y las «expertas en experiencias».

NARRACIONES

Narrar siempre ha sido un proceso privilegiado de análisis e interpretación de la experiencia, acompaña lo cotidiano de cada una y permite ampliar la visión de la propia vida. Sin embargo, adquirir un «pensamiento narrativo» no es automático. Reconstruir los eventos en un cuento y exponerlo a los demás requiere estar en una red de significados compartidos cultural-mente (Loiodice 2016). La acción de narrar favorece una continuidad en la discontinuidad natural de la vida; posee un evidente elemento sociocultu-ral en el sentido de que *lo que somos* se delinea a través de un contexto de relatos estimulados por las relaciones y las comparaciones constantes con otras personas.

A través de la narración se construye «mediación simbólica» que da sen-tido a lo que sucede en las vidas y, al mismo tiempo, cada relato abre el pensamiento a lo imaginario, es decir, favorece la exploración de aspectos de la propia experiencia que aún no han sido investigados o imaginados, abre a otras visiones (Jedlowski 2000).

Contar un evento a alguien significa establecer una relación, quien escu-cha está llamado a implicarse, observarse y, en particular en el trabajo de cuidados, su atención se dirige también a escucharse a sí mismo. En cierto sentido, utilizar herramientas narrativas en la investigación, en el trabajo educativo y de cuidados significa solicitar no solo una narración de lo que se vive con el otro, sino también de la escucha de una misma y para sí misma. La narración permite adentrarse en los significados de la vida *como si* fuera el relato de otro, no hay pues un *yo*, sino un *sí misma* narrable que sabe lo que ha sucedido y lo cuenta en diferido. Contar una historia no es la historia, la historia se distingue de la narración (Cavarero 2001). Esta distinción entre el acto de narrar y la historia abre un espacio en el que la historia puede ser cuidada, reimaginada, tomar forma en el intento de darle una trama aceptable, con nuevas intuiciones que nacen de las reso-nancias y de las traducciones interpretativas y circulares entre quien narra y quien escucha (Hillman 1984).

Según Bruner, los seres humanos tienen dos formas distintas, pero com-plementarias, de pensar, ordenar y construir la realidad. Dos tipos de funcionamiento cognitivo con sus propios presupuestos, principios y cri-terios, que no se puede de ninguna manera reconducir de unos a otros, pero que juntos ofrecen la perspectiva más amplia de un fenómeno, de una experiencia u objeto en la medida en que permiten captarlos des-de diferentes ángulos y puntos de vista (Bruner 1990). Bruner denomina «pensamiento pragmático o lógico-científico» y «pensamiento narrativo» a estas formas de pensamiento que coexisten en nuestra mente. Al narrar construimos formas de conocimiento que nos orientan en la acción. Las acciones humanas no reelaboradas a través del pensamiento narrativo no producen conocimiento funcional para vivir en un contexto sociocultural, es decir, no se transforman en experiencia, se quedan en hechos, vivencias, a menudo velados e incomprensibles en un *continuum* de la propia vida. Hechos inevitablemente destinados al olvido (Bruner 1990, 2004).

En la formación de adultos y en la investigación participativa con profesionales, el uso de la narración permite imaginar el propio trabajo de manera diferente, detectar la necesidad no solo en el usuario, sino también en una misma, como mujer, hombre, y comenzar una nueva historia no vinculada solo a los estándares de la institución. La trama entre el relato y la posibilidad de *ver de otra manera*, de sacar a la luz una historia diferente respecto a lo conocido, es una obra de arte, a la vez poética y visual. Precisamente porque el trabajo educativo y de cuidados tiene un alto impacto emocional y afectivo, *ver de otra manera* se convierte en una necesidad.

ESCRIBIR

Muchos aspectos del trabajo educativo y formativo están relacionados también con la escritura. Pero cuando se escribe sobre el otro, ¿qué sucede?

En primer lugar hay que distinguir la escritura sobre uno mismo de la escritura sobre el otro. Cuando escribimos sobre nosotros mismos se establece otro contacto con la experiencia, se clarifica lo que queremos aprender, a veces la escritura revela lo que estaba encubierto, otras lo vela. Muestra la mirada de quien escribe sobre su propio trabajo; siempre es algo extra-ordinario, y hay que recordar que se escribe sobre sí mismo incluso cuando se escribe sobre el otro. Escribir marca un espacio intermedio entre uno mismo y las acciones, permite separar y conectar, crear una distensión en los pliegues de la operatividad, proporciona disciplina (Cima 2007). El trabajo autobiográfico ayuda a comprender lo vivido y se aprende a entrelazarse con la cultura del entorno en el que se trabaja. Como afirma Calvino (2002), se escribe para aprender la experiencia de la vida.

Cuando se escribe del otro siempre hay una manipulación de su palabra, incluso cuando se establece una cierta dialogicidad y polifonía del mensaje hay una especie de apropiación de la palabra del otro (Geertz 2001). La escritura requerida por los protocolos institucionales transforma las palabras del otro y se adapta al lenguaje del servicio social, adquiere una relevancia epistemológica específica, se convierte en una herramienta de trabajo, un *objeto social* (Ferraris 2009).[49]

---

49. Según Ferraris (2009) los *objetos sociales* son artefactos presentes en el mundo de los seres humanos. Son dependientes de los sujetos, intervienen entre, al menos, dos personas, tienen la característica de estar escritos. El archivo es un ejemplo, al igual que los informes sobre los usuarios que

Siempre queda una distancia significativa entre lo que la mirada capta del relato del otro y lo que se representa en un informe destinado a cualquier servicio. A menudo, esta distancia produce un malestar en las trabajadoras: en los últimos 25 años nos hemos implicado con muchas profesionales para comprender juntas los puntos fuertes y débiles de las herramientas y prácticas utilizadas en el trabajo de cuidados. Como investigadoras nos hemos planteado las mismas preguntas que las profesionales: cuando nos dedicamos a una investigación que identifica y nombra las prácticas, ¿cómo se logra devolver la mirada de quien representa al otro? ¿Cómo desfigurar lo menos posible la palabra de educadoras, asistentes sociales, enfermeras, psicólogas, médicas y beneficiarias de los servicios? Hemos optado por un enfoque participativo en la comprensión de la experiencia, trabajando en la composición de una mirada lo más circular posible, componiendo narraciones expresadas en diferentes contextos e idiomas, en momentos de formación y en círculos narrativos entre mujeres, en universidades, en servicios sociales, en Casa de Ramia. Este último espacio, frecuentado por mujeres de diferentes países, se vive como un hogar donde las vidas más diversas pueden volverse a tejerse, entrelazarse, transformarse. De hecho, *la ramia* es una planta de la que se obtiene un hilo precioso. Muchas mujeres consideradas por los servicios sociales como «usuarias» se han convertido en formadoras y expertas en experiencia, reelaborando historias colectivas e individuales que hemos llamado historias maestras.[50]

Esta compleja modalidad de hacer investigación entre diferentes espacios ha permitido desenmascarar las asimetrías de poder intrínsecas entre investigadora y profesional, entre ésta y la usuaria; ha sido un camino que nos ha llevado a *visiones* no siempre agradables, pero de suma importancia en el trabajo de cuidados (Esteban 2004a, Barbier 2008, Alga 2018, Cima y Alga 2020).

En las prácticas de restitución de los relatos escritos, los términos siempre se han negociado en la relación entre las investigadoras y entre estas y el grupo de profesionales. Normalmente, en el ámbito académico, el trabajo asignado a la escritura tiene la tarea de reconducir la pluralidad

---

se depositan en las «carpetas» y sobre estos objetos sociales los servicios inician y construyen el acompañamiento de las personas.

50. En este primer contexto, la historia maestra es uno de los frutos del encuentro entre diferentes experiencias de investigación entre el territorio y las universidades relacionadas con el laboratorio de investigación Saperi Situati. El laboratorio está compuesto por investigadoras e investigadores que trabajan en universidades y en realidad públicas, asociativas y del privado social. Desde hace años trabajan con grupos de mujeres orientadas a la creación de cultura material y de redes comunitarias, sobre temas de cohesión social, formas de maternidad y de educación elaboradas en contextos multiculturales, sobre la dimensión del arte y de la espiritualidad en la realización de conocimientos y prácticas de convivencia. Las realidades que interactúan desde hace años con el laboratorio son múltiples, en particular nos referimos a Casa di Ramia, centro intercultural para las mujeres del Ayuntamiento de Verona, de la Consejería de Igualdad. Es un lugar de investigación para muchas estudiantes y doctorandas, ha sido abierto y coordinado por Elena Migliavacca, con la presencia de algunas mujeres que han ayudado a hacer de la Casa un punto de referencia para el desarrollo de prácticas y teorías. La interdependencia entre la investigación universitaria y las prácticas construidas con Casa di Ramia y otras realidades ha podido dar vida al Laboratorio Saperi Situati: https://www.laboratoriosaperisituati.com/.

de experiencias y caminos a la unicidad, a un discurso único que traza las fronteras de lo que está en el "centro" (el llamado saber neutro y universal). Orientadas por el pensamiento decolonial (Freire, en Pedagogía de la esperanza; hooks, en Enseñar a transgredir), las investigaciones han dibujado una circularidad de conocimientos situados, localizados, que no coincide con posicionarse en los márgenes del conocimiento académico. Precisamente por ser situados, estos saberes son visiones de ese momento de la vida que se cuenta y luego se escribe. Son saberes objetivos porque se construyen a muchas voces, se trata de una objetividad situada, una verdad situada y, por eso, no puede deslizarse hacia el relativismo o el personalismo.

LA MIRADA SE REORIENTA: EN LA INVESTIGACIÓN

El uso del enfoque narrativo ayuda a observarse como sujetos/objetos de la investigación, así como a reformular con atención poética los relatos sobre las usuarias y sobre una misma. Permite replantear lo que ya se había pensado, encontrar palabras que respondan al sentir y generar nuevas entidades conceptuales, nuevas imágenes. En la investigación, esta elección ha puesto a las profesionales en el nivel de expertas, algunas de ellas pudieron ver a las usuarias como expertas en sus historias. Acoger sus voces, incluso las discordantes, en las decisiones que el servicio social debía tomar fueron pasos decisivos para modificar los escenarios «profesionales» y el trabajo de cuidados.

En el método de investigación utilizado, las profesionales, las instituciones, las investigadoras y las propias usuarias son consideradas sujetos plenamente implicados. Además, en la práctica del trabajo de cuidados, la elección de aprender a ser guiados por la centralidad de la experiencia sexuada de mujeres y hombres ha implicado, en primer lugar, a las investigadoras (Bianchi 2004).

El enfoque narrativo comparte un terreno común con la mirada, que se sitúa entre los claroscuros de un arabesco, una figura que no se puede definir inmediatamente y que invita a buscar las diversas formas en que la luz y la sombra contienen cada historia de vida. La elección operativa de mantener unidas, en un único proyecto, formación e investigación ha desplazado las miradas de todas, colocando en el centro no tanto el estudio sobre el sujeto-usuario, sino sobre los profesionales y las investigadoras. Se midió el impacto de las instituciones y se abrió un espacio para escuchar las historias legitimadas de las usuarias. Recomponer los contextos de trabajo a través de las historias de profesionales y usuarias preparó el terreno para que las investigadoras solicitaran imágenes, aportaran ecos poéticos, palabras del cuerpo y del sentir emocional, orientando a las y los profesionales para que vieran que lo imposible y lo infranqueable son, en cambio, grandes posibilidades para establecer espacios de cuidados *suficientemente buenos*.

En un primer momento, para recoger las narraciones de los profesionales, se utilizaron dos instrumentos: respectivamente *Orientarse y Cartografía de la mirada institucional*. El uso de mapas narrativos, especialmente destinados a captar la propia mirada, permitió abrir trayectorias no del todo previstas al principio. Se pusieron de relieve las geografías de los cuidados existentes en los servicios sociales, de las usuarias y las de las instituciones y, por último, pero no menos importante, se «descubrió», en parte, cómo existe una observación individual y colectiva guiada por herencias coloniales que limitan o a veces impiden el trabajo educativo. Frente a esta visión de conjunto, las preguntas que inicialmente formularon los profesionales al equipo de investigación se transformaron de «qué hacer para observar, evaluar, hacerse cargo» a «cómo mejorar y hacer del propio trabajo un lugar de aprendizaje». La investigación, que se desarrolló a lo largo de cinco años, permitió analizar con más detalle los resultados de algunas situaciones observadas, por ser más «conmovedoras», y repensar los dispositivos profesionales gracias al uso de un tercer instrumento poético narrativo: *la historia maestra*.

Si en la formación básica se enseña que el usuario y su contexto son el centro del trabajo profesional, en la investigación nos preguntamos: «Los usuarios están en el centro ¿de qué?». Las herramientas empleadas en la investigación han vuelto a recurrir a la encuesta, la evaluación y el acompañamiento de las trabajadoras, introduciendo en estas fases una modalidad topo-gráfica: toda acción profesional está vinculada al marco institucional, al barrio, a los lugares de oración y de origen de cada persona, lugares desde los que se observa mientras se planifica el trabajo, pero que normalmente no se tienen en cuenta. De hecho *Orientarse* es un mapa narrativo que indaga sobre qué información de los usuarios se recoge y cuál se omite, y cómo esta sigue siendo un mero dato anagráfico. De este modo, se desencadenan reflexiones y preguntas relacionadas con el propio yo personal y profesional: ¿qué nos están diciendo las usuarias y los usuarios? ¿Cómo podemos observar y comprender? ¿Qué parte de nosotras está escuchando? A continuación se plantean preguntas sobre los sistemas institucionales como los protocolos, la informatización: ¿cómo y cuánto afectan estos aspectos al trabajo de ayuda? ¿Qué impiden? ¿Qué permiten?

El afloramiento de constataciones antes latentes, por ejemplo la cronificación de las solicitudes de los usuarios y, como en un espejo, la cronificación de las respuestas de los servicios sociales, ha permitido pensar y narrar la sensación de «inutilidad» de los modelos de intervención. Antes solo se podía decir en los pasillos en forma de confidencia o queja, relegando estas constataciones al fracaso, con la consiguiente pérdida de motivación. Este efecto se sitúa exactamente en oposición a la premisa que generalmente subyace en el pensamiento de quien elige una profesión de cuidados, es decir, «ayudar a otros».

Nos hemos permitido el lujo de nombrar las prácticas y los saberes situados y encarnados de mujeres y hombres que trabajan gracias a una pregunta adicional sugerida por las prácticas decoloniales: ¿cómo pueden interactuar los conocimientos de las usuarias de los servicios sociales con los conocimientos de las profesionales? E incluso antes: ¿cómo pueden las narrativas de las usuarias transformarse en conocimiento para los oídos de quien escucha?

Cuando la historia se desborda: cartografiar la mirada

Cuando las narraciones atraviesan diferentes lenguas, cuando los hechos narrados forman parte de una multitud de mujeres y hombres que han pasado por acontecimientos inauditos e inimaginables, cuando la exclusión de los derechos devora cada vez más el espacio entre los ciudadanos y los que no lo son, la escucha se vuelve compleja, agotadora, se experimenta la crisis.

Generalmente, cuando algo excede se intenta comprimir: lo que se obtiene se fuerza dentro de las categorías de comprensión, mientras que hay mucho más que se queda fuera.

> Pensar en el otro me pone en crisis. Aceptar una multiplicidad y no estar en una contraposición mío, tuyo. En cambio es este «mío y tuyo», mi cultura/tu cultura, esta diferencia lo que me pone en crisis. (G., trabajador social) *

> Intenté ir más allá de mi sensación subjetiva, pero fue difícil. Esta apertura nos sirve, porque en mi servicio tenemos esquemas tan rígidos que ya no podemos lidiar con esto. Debemos encontrar soluciones diferentes, porque las que tenemos entre manos casi no funcionan. (Psicóloga)*[51]

Durante los encuentros de formación e investigación, la mayoría de los temas críticos propuestos por las profesionales se refiere a situaciones de padres inmigrantes incluidos en procedimientos de protección de menores por «incumplimientos parentales» o mujeres nigerianas y madres «víctimas de trata sexual». Entrar en contacto con diferentes modelos de familia y maternidad, nos afecta en lo más profundo de la vida y es precisamente aquí, paradójicamente, donde el recurso a los protocolos y normativas institucionales resulta cada vez más frecuente (Beneduce y Taliani 2006). Las personas suelen invertir mucho emocionalmente y el sentimiento de impotencia, rabia, fracaso, dolor profundo e irremediable marca a madres y padres, pero también a algunos profesionales que perciben el fracaso y el naufragio de las instituciones.

> Viene de la calle, le acompaña otro paciente nuestro que en los días anteriores la tenía alojada, entre comillas, diciendo que está enferma y dice cosas raras y que por eso necesita ayuda y la acompaña a urgencias. Ella no llevaba

---

51. Los extractos marcados con *, ** y *** proceden de la investigación *Pensiero dell'esperienza e passaggi di trasformazione: analisi multiculturale nella presa in carico a rete*, financiada por el Ayuntamiento de Verona, el Ministerio del Interior y el Fondo Europeo para la Integración de Ciudadanos de Terceros Países, y dirigida a profesionales del área socioeducativa y sanitaria. Respectivamente * del manuscrito editado por Cima, Rosanna, Alga Maria Livia, Pittoni, Eleonora. 2014. *Tracce*; ** del manuscrito *Quaderno*, 2013; ***, *Le Equilibriste* 2012.

DNI, lo único que tenía era una copia de una denuncia de pérdida de documentos hecha por la Jefatura de Policía. No sabíamos nada... Excepto que estaba embarazada, de cinco meses. (S., enfermera)**

Esta historia nos ha tenido ocupados y nos está ocupando, hemos invertido muchos recursos para que no nos quede nada en las manos. (B., trabajadora social)**

A menudo, los usuarios llamados crónicos corren el riesgo de volverse invisibles a nuestros ojos. Sus historias se repiten y siguen las expectativas de los profesionales. Sabemos desde el principio lo que va a decir el usuario y el usuario sabe lo que hay que decir en nuestra oficina. (R., trabajadora social) ***

Se cae en la repetitividad de la historia como si fuera una historia siempre igual, *una historia crónica*. Para frenar estos sesgos, hemos utilizado *Orientarse*, un mapa narrativo que prepara el ojo para mirarse a sí mismo, para observar los vacíos y los llenos de las «técnicas de entrevista» o de los «dispositivos de mediación». Transformar lo que normalmente se adquiere como dato personal, por ejemplo el propio nombre y apellido o la edad o el lugar de nacimiento, en elementos que comienzan una historia diferente de la considerada crónica es, por un lado, el descubrimiento de nuevas narraciones y, por lo tanto, la posibilidad de contar la propia historia de otra manera. Y por otro lado, establece una práctica que otorga fuerza transformadora y de auto-cuidado a los relatos.

Orientarse

Orientarse es una hoja compuesta por 5 áreas temáticas (la dimensión de los nombres del individuo y de su familia, los idiomas aprendidos, olvidados y en uso, los diferentes lugares en los que tienen lugar los desplazamientos importantes, la dimensión espiritual y religiosa, la dimensión geopolítica) y otras tantas subáreas para cada una de las principales. La hoja tiene como objetivo orientar al profesional a observar las categorías culturales y profesionales que utiliza en su trabajo. Normalmente surgen «las carencias» que indican el no saber observar algunos aspectos precisos de la historia de los beneficiarios de los servicios sociales y educativos. En cambio, a través de una elaboración guiada por las investigadoras, emergen las potencialidades del propio trabajo aún por descubrir.

Si pregunto quién te dio el nombre y su significado, cambio la formulación, se rompe un patrón y cambia mi relación con el usuario. Si relleno la ficha de mi servicio, relleno una hoja. ¿Estoy listo para romper el esquema? (R., trabajador social) **

Romper el patrón es precisamente «romper algo rígido», debajo se abre un vacío: es en el no pleno donde es posible un salto de libertad. El viraje del nombre propio tratado como un dato al nombre como principio de una historia exige redefinir los contextos del propio trabajo con una implicación personal. El nombre contiene en sí una historia y solo quien lo lleva puede contarla. Cuando la narración deja de estar relacionada únicamente con «el problema» del usuario, con «su identidad incumplidora/deficiente», se abre un espacio no pleno (de lo que ya se sabe y se dice de él) y comienza otra historia. Se empieza a construir una circularidad de la palabra. En lugar de una lista de fracasos puede aparecer una genealogía, una fe olvidada, un momento de la vida en el que todo estaba aún *bien* y del que todavía puede surgir una energía de mejora o cambio. Se sale del esquema marcado por los roles: el narrador es el experto en su relato, el oyente ayuda a crearlo, consciente de que es la escucha la que hace el relato, como escribe Calvino (2008).

Otro aspecto del mapa *Orientarse* es ver que cada relato personal se inscribe en una historia más amplia, como es la dimensión geopolítica. Al igual que los datos personales, la nacionalidad, por ejemplo, ya no es el término de inscripción en las fronteras de un Estado, sino que resulta de los juegos de poder neocoloniales. El esquema de las fronteras nacionales con el que se suele pensar «el migrante» se desvanece y se vislumbran otras líneas divisorias, trazadas para normalizar una diferencia y homogeneizarla. *Orientarse* exige, por tanto, un cambio de mirada.

Afrontar los aspectos que conforman la vida de una persona, con una orientación dirigida a la narración, implica preocuparse por un segundo nivel: la institución, que impone tiempos y modalidades a las acciones del profesional. A menudo la cuestión del tiempo ha sido mencionada por las profesionales como un impedimento para el uso de mapas narrativos.

En este sentido, hemos introducido una segunda herramienta inspirada en el mapa de Todd (Marangelli, Morazzoni y Re 2007, 63-104), pero ampliamente modificada en su estructura y finalidad. La hemos denominado *cartografía de la mirada institucional*.

Trabajar sobre la percepción del rol profesional y el mandato de la institución a la que se pertenece, a partir de una «situación compleja» narrada por las profesionales, ha permitido visualizar los *llenos*, los *vacíos* y los *invisibles* de los procedimientos institucionales responsables. El trabajo en grupos sobre un mismo relato, con profesionales de varias instituciones, utilizando códigos y espacios preestablecidos en la construcción del mapa, puso de manifiesto, por ejemplo, las interrupciones y dispersiones del relato de los usuarios. A medida que la persona pasa de una institución a otra su relato se fragmenta a pesar del tiempo dedicado a las reuniones de los equipos multiprofesionales e interinstitucionales. Esta fragmentación es directamente proporcional al excedente del relato: cuanto más se intenta normalizar la historia, más queda fuera el narrador de las categorías de comprensión y más se dispersan los pedazos de la historia de ese hombre, esa mujer, ese niño. La historia se convierte en «siempre lo mismo». El dibujo cartográfico ha hecho visible, con cierta sorpresa, el mismo destino reservado también al trabajo de las profesionales.

Si en un primer momento la imagen evocada por las profesionales fue la del naufragio de las instituciones, el trazado del mapa de los espacios de los servicios sociales ha permitido la aparición de las rutas de los usuarios, sus idas y venidas por la ciudad, entre oficinas y ambulatorios. Una geografía de espacios y trayectos, a veces muy difíciles, que normalmente no se tiene ante los ojos cuando se dice «esa familia siempre llega tarde a las citas». Es más obvio fijarse en los viajes e itinerarios que los migrantes, y en general los usuarios, recorren en un *antes allá* que en el *aquí y ahora*. La *cartografía* relacionada con las instituciones ha sacado a la luz otros espacios de cuidados que han permanecido en la sombra, aunque sean de los servicios sociales públicos o privados. Orientarse de forma diferente en la relación con los usuarios significa elaborar modalidades flexibles de evaluación para compartir el propio trabajo en una dimensión complementaria: el cuidado de las situaciones y de los usuarios es asimismo el cuidado de las redes institucionales y de la mirada de las profesionales.

profesionales, se trata de familias, mujeres y jóvenes que son usuarios de diferentes instituciones de la ciudad de Verona y conocidos desde hace mucho tiempo: 1, 2, 4 o más años. Guiadas por una serie de preguntas, se destacaron algunas áreas en el mapa: lo que falta, lo que está en sobreabundancia, los vacíos, los llenos, las conexiones, las separaciones, las alianzas y las invisibilidades relativas a los recursos de las instituciones, de las normativas disponibles y de los propios usuarios. *Orientarse* reproduce un mapa de la mirada del profesional sobre el usuario, la *Cartografía de la mirada institucional* es, en cambio, el diseño de los servicios implicados y de los territorios geográficos nombrados/dibujados por las profesionales. Estos dos mapas, antes de ser utilizados en la investigación, fueron probados de 2006 a 2010 en un equipo formado por dos trabajadoras sociales, uno dedicado a los servicios básicos y uno en el consultorio familiar, un educador territorial, una psiquiatra, una psicóloga y una enfermera del Centro Psicosocial del ámbito 10 de la zona suroriental de Brescia. Cada profesional utilizó las herramientas en el acercamiento a los usuarios/pacientes y una vez analizadas las situaciones también las herramientas fueron modificadas (parte de la experimentación se lee en: Cima, Rosanna. 2014. *Culturas de la cura.* Castiglione: PresentArsì. Desde 2016, los mismos instrumentos han sido objeto de formación dirigida a los profesionales

Al relacionar sus puntos de vista, dibujando las trayectorias de los usuarios entre las instituciones del territorio y la segmentación de las historias, se ha hecho visible, en lo ya conocido, otro mapa posible observado por primera vez. Han aparecido otras formas de interacción. Las dos herramientas *Orientarse* y *la Cartografía de la mirada institucional*, junto con las reflexiones teóricas, han permitido nombrar el posicionamiento personal y político, profesional e institucional en el trabajo de cuidados. Algunas profesionales han comenzado a utilizar en su trabajo las mismas herramientas con las que se han confrontado y formado en la investigación.

Historias maestras

En el transcurso de la formación y la investigación, con el objetivo de crear ocasiones de encuentro entre los conocimientos de usuarios y profesionales, proponemos la escucha de una historia: «Todas pasamos por eso». Es una historia maestra, elaborada por Sandra Faith Erhabor y Maria Livia Alga en el contexto de una casa de mujeres: Casa di Ramia. El relato (inherente a la trata sexual de mujeres nigerianas de etnia edo) no es de una sola mujer, sino que dentro de su historia, está la de muchas otras mujeres que han pasado por lo mismo.[52]

Una vez escuchada la narración, las profesionales compartieron sus primeras impresiones:

> En nuestro trabajo no podemos conocer una historia así, aunque veamos a las personas durante muchos años. (C., trabajadora social)

> La pregunta que me hice es: ¿cómo estar en las historias honestamente? [...] Me encuentro en una situación en la que pongo en juego toda mi falsedad (institucional) al estar en las relaciones. Me resulta insoportable. (R., trabajadora social)

---

52. Sandra Faith Erhabor, escritora, poeta y mediadora cultural edo de nacionalidad nigeriana, ha sido usuaria de los servicios sociales y ha elaborado su experiencia de migración y de vida en Italia gracias a un recorrido de empoderamiento, junto con otras mujeres en Casa di Ramia. Este recorrido le ha permitido trabajar, más tarde, como mediadora cultural y, al mismo tiempo, alimentar su pasión por la escritura. Desde hace unos diez años es una presencia insustituible en el grupo de investigación Laboratorio Saperi Situati de la Universidad de Verona, que ella misma ayudó a fundar. A partir de estas experiencias, y en particular gracias a la relación con otras mujeres nigerianas, Erhabor ha escrito varias historias que hemos introducido en la investigación-acción como herramientas para ofrecer a los profesionales otros puntos de vista sobre su trabajo.
Maria Livia Alga es una etnógrafa dedicada a la investigación cualitativa sobre las prácticas transculturales e interdisciplinarias, a través de las cuales las comunidades construyen y comparten el conocimiento. En particular, se ocupa de las relaciones entre movimientos sociales, feminismo, servicios socioeducativos y prácticas artísticas. Investigadora post-doc en Pedagogía Social en la Universidad de Verona, coordina el Laboratorio Saperi Situati, grupo interdisciplinario de investigación. Entre sus publicaciones, la monografía *Etnografía terrona de sujetos excéntricos*, Bellaterra, 2018, la cocuraduría del volumen *Allargare il cerchio. Pratiche per una comune umanità*, Progedit, 2020 y del volumen *Culture della maternità e narrazioni generative*, Franco Angeli 2022.

Escuchar la historia maestra indica un camino: implica realizar una especie de anatomía de las propias expectativas personales y culturales sobre temas centrales de la historia como la maternidad, la trata de mujeres, las violencias institucionales, temas que no son en absoluto neutros o independientes de los contextos. La historia maestra obligó a detenerse y repensar el quehacer, cuestionar las herramientas de evaluación utilizadas y preguntarse: ¿quién puede definir el grado de vulnerabilidad de las madres? ¿Cómo se distribuye el poder de definición de la otra? ¿A quién corresponde el poder de iniciativa? ¿Cuál es el posicionamiento desde el que observo y escucho?

Se abre una brecha, a veces una grieta, son preguntas para dar los primeros pasos hacia un etnocentrismo excéntrico. Lo llamaría así hoy. *¿Cómo podemos cambiar la historia?* Esta es la pregunta que ha unido a las profesionales en su trabajo diario.

Las historias maestras también fueron construidas por algunas de ellas que, tras esta primera experiencia, han optado por continuar una investigación participativa de autoformación en un pequeño grupo.[53]

> Nos hemos preguntado:
>
> ¿Podemos volver a empezar desde las historias? ¿Qué significa escuchar las historias de nuestros usuarios? Significa escucharnos como profesionales. Significa escuchar nuestra historia profesional, pero también personal. Significa escuchar y hacernos escuchar. (D., trabajador social)

En esta experiencia, los relatos profesionales se convirtieron en historias maestras con el uso de técnicas específicas de narración oral y escritura individual y compartida. La historia maestra mantiene su naturaleza colectiva: es una construcción a varias manos. Las primeras herramientas utilizadas son los diarios.

Dedicar tiempo a la redacción de los *diarios personales* y luego *compartirlos* entre las profesionales y las investigadoras son pasos de elaboración de los contenidos que revelan los conocimientos situados en la práctica profesional. En este caso, la historia maestra remite a segmentos de la experiencia de cada profesional, pero, al mismo tiempo, los une en un relato colectivo, indicando prácticas posibles más allá de los protocolos. No se centra en la búsqueda de las identidades (del profesional o del usuario), sino que destaca los procesos y los posicionamientos activados en la relación.

La narración para una misma y en grupo durante la investigación, así como el trabajo posterior de escritura y lectura de partes de la misma son formas de proceder que propician la participación de todas y una exposición

del área infantil y prenatal en dos proyectos europeos ERASMUS+ programa Key action 2: CAPEVFAIR (Taking care of vulnerable women during prenatality, del 1-9-2015 al 30-8-2017) y PAGE (Parental Guidance in Education, del 1-9-2016 al 30-8-2018) - e incluido como buenas prácticas en el vademécum compartido con los socios europeos (Francia, Rumanía, España, Reino Unido, Italia) [http://www.capevfair.eu/-wpcontent/uploads/2018/03/Strumenti-di-di-evaluación-IO3.pdf].

---

53. Este extracto procede del artículo «Storie maestre: comporre un archivio per prendersi cura di chi cura», disponible en: Storie maestre: comporre un archivio per prendersi cura di chi cura (univr.it).

en primera persona, pero sobre todo la elección de partes del propio pensar y sentir para exponerlas a las demás. Desde el principio, las investigadoras y las profesionales han tomado conciencia de que la mirada sobre la biografía profesional desempeña un papel fundamental en el redescubrimiento de una representación de su trabajo, más en sintonía con la esfera personal, aparentemente perdida o silenciada por la burocratización de las instituciones.

La experiencia profesional se construye cuando se replantean las acciones y se encuentran diferencias entre un antes y un después, entre lo que ya se ha aprendido y lo nuevo. Es una verificación intelectual y emocional.

El texto de una historia maestra compuesta por las profesionales es el resultado de un proceso; de hecho, ha habido un pasaje de la oralidad a diferentes niveles de escritura. La narración oral en presencia del grupo ha permitido dar un nombre a la práctica profesional que en la cotidianidad del trabajo queda oculta a las palabras.

> «Es necesario ver la práctica porque, tal vez, podrá convertirse en un método y si no se convierte en un método podrá, al menos, ser nombrada». (T., trabajadora social)

La práctica no se refiere a actuar con un fin en el que la acción realizada produce algo en, o para otros, y no responde al proyecto. La práctica es una de las formas de estar en el mundo, se contrapone a otras (por ejemplo, el hacer poiético, operativo), ya que requiere adentrarse en un proceso que implica la puesta en juego de lo personal y, por tanto, es una revelación de esa forma posible del ser en relación con.

El encuentro, el entrar en contacto, el salir —como metáforas de la práctica— son el comienzo de un proceso si la relación y las transformaciones no son unidireccionales ni guiadas por preceptos previos, sino que ocurren en una dimensión de disponibilidad, continuidad e imprevisibilidad.

A partir de la puesta en común del relato y de la identificación colectiva de la práctica, ha sido posible iniciar la redacción del escrito que, poco a poco, pasó de ser materia prima a convertirse en un texto eficaz y sintético. Así, la experiencia se retrata, se polariza, adopta una forma reconocible y transmisible.

> Si queremos hacer una selección eso significa que destacamos algo. Entonces las preguntas son: ¿qué quitar? ¿Qué poner en evidencia? Hay que seleccionar con unas finalidades. Apostar por el deseo. Denunciar de manera creativa. (M., trabajadora social)

Es un trabajo que se construye en varias etapas, en el que se va descubriendo cuál será el corazón del texto. Se trata de montar y desmontar las palabras para reubicarlas todas dentro de algo nuevo que tenga significado político y social. La competencia de discernir es también esta: trabajar por flujos de preguntas con la finalidad de localizar y nombrar prácticas.

Nos convertimos en testigos para reescribir una historia y mostrar sus aspectos esenciales. Ser testigo significa elegir palabras, tiempos, consecuencialidades, estilos diferentes de la persona o personas que nos dieron los relatos. Cuando un grupo de profesionales dice: «Queremos que se valore nuestra práctica, queremos que haya un método, queremos también que se reconozca» (G., trabajadora social). La apuesta es tan grande como la pregunta que acompaña a los relatos de quienes trabajan en la asistencia. Recomponer una historia significa entonces situarse en la libertad, atreverse a mirar las partes ocultas de la experiencia, ubicarse fuera de las palabras normalizadas, buscar conexiones y vínculos de sentido que, precisamente, porque son obvios no se han detectado, que, sin embargo, hablan de prácticas alter-nativas.

Una de las prácticas identificadas es la de la desinstitucionalización, que se articula en momentos como: la toma de conciencia de que la institución en sí misma no asiste; el valor de desplazarse de los lugares formales hacia espacios de cotidianidad, donde es posible utilizar lenguajes distintos de los de la patología; la libertad de poder pronunciar algunas palabras de verdad.

Considerar como objeto la propia práctica profesional y observarse en acción fue posible gracias a un proceso de denominación capaz de revelar la composición del hecho mismo en su complejidad. El trabajo fue posible al centrarse en aquellas estructuras sociopolíticas que contribuyen a configurar las acciones laborales: nombrar produce un trabajo de concientización que, parafraseando el pensamiento de Freire, es ya una forma de acción. Desde el punto de vista de las subjetividades, la escritura permite construir un lugar desde el que observar, documentar y reflexionar a partir de la propia experiencia. Se trata, por tanto, de una escritura sobre una misma y a partir de sí, un punto de convergencia en el que la ganancia tiene que ver principalmente con la toma de conciencia de las propias vivencias, así como de las experiencias mentales, asociativas y afectivas.

Este enfoque de la formación y la investigación redistribuye el poder de construcción del conocimiento entre el mundo de los profesionales y el mundo académico, y este aspecto conduce también a una forma de respeto y atención hacia los contextos de cuidados. Pensar el propio trabajo como una búsqueda responde a una dislocación de la mirada fija en el quehacer, para asumir una observación curiosa, que interroga sobre lo que los profesionales suelen dar por sentado o es descartado por la retórica profesional. Se trata de un itinerario espiritual (Certeau 2000) y político. Espiritual porque cuestiona la propia existencia en relación con uno mismo y los demás, político porque pretende actuar en favor de una mayor justicia.

Las historias maestras se configuran como *concepto experiencial,* indica la esencia de lo que permanece estable en la multiplicidad de las experiencias, se extrae de la discusión en grupo, es como un néctar de vivencias y experiencias. Las historias maestras destacan lo que es necesario decir de lo que sucede, de lo que se hace. Es un trabajo de la mirada, de la escucha y de la palabra que ha permitido identificar la práctica de la desinstitucionalización, la práctica de restituir historias que curan, la práctica de la lágrima pensante, la práctica de partir de sí, la práctica del pensar en presencia, la práctica del coraje común, la práctica de citarnos entre mujeres, la práctica de poner en escena lo obsceno, la práctica de denunciar el horror, la práctica de la denuncia común, de construir narraciones políticas, la práctica de las emociones geopolíticas (Cima, Alga, Pittoni y Frighetto 2016).

Las historias maestras se elaboran si somos porosos, dispuestos a hacer el vacío, a ver lo no pleno, a ser excéntricos y receptivos. Se produce cuando las relaciones de cuidados se viven con intensidad, donde la vida no es una representación de lo que debería ser: es lo que es. Donde se ve lo esencial. Las historias maestras surgen cuando se está en contacto y se viven los extremos existenciales (infancia/vejez, salud/enfermedad, opulencia/miseria, autóctono/extranjero, víctima/verdugo) normalmente percibidos como opuestos y mutuamente excluyentes. En cambio, en la mirada de la historia maestra, estos extremos se ven en la circularidad de los significados y no de las definiciones, una forma que permite el desplazamiento de los puntos de vista hacia una excentricidad del pensamiento y del quehacer. Cada uno, al escuchar la historia, se reconoce y ve representado algo que intuía, pero que todavía no tenía nombre. Revela una verdad obvia, pero no vista.

Debido a esta característica, puede decirse que la historia maestra es a la vez impersonal y política. Las historias maestras surgen del cuestionamiento de la experiencia, se componen en una forma narrativa circular, ponen de relieve los claroscuros del quehacer, revelan las formas múltiples, visibles para quienes contemplan lo narrado. Trazan un camino que nunca es lineal, en el que nos movemos con el sentir de los cuerpos en relación, con la lógica de las pequeñas cosas, con la técnica de respirar profundamente y hablar con calma, la atención paciente, el afecto por el gesto, por lo que se está haciendo, con el rasgo poético del decir y una mirada que sabe de dónde viene. Con el silencio pensante de las lágrimas, se revela un saber situado.

No se inscriben en una dinámica de posesión, sino de *empoderamiento* mutuo, una mayéutica recíproca para una humanidad común.

Lo que se ve desde aquí[54]

Ver forma parte de un sistema sensorial inscrito en nuestros cuerpos. La diferencia sexual, el color de la piel, la época y el lugar de nacimiento, las historias de los antepasados marcan nuestra mirada. La multiplicidad de voces y cuerpos que frecuentan los contextos socioeducativos y sanitarios actuales exigen que quienes se dedican al cuidado y la educación tengan en cuenta también los aspectos históricos y geopolíticos que contribuyen a configurar la mirada. Una forma individual y colectiva.

La mirada occidental, a partir de cierto momento de la historia, ha reivindicado para sí el poder de ver sin ser vista, de representar al otro «tal como es», de detentar un saber «universal», con la ilusión de escapar a su propia representación y olvidando que, incluso, ese saber surge de una geografía local. La ilusión óptico-hermenéutica se puede resumir en la pretensión de estudiar y clarificar todo lo que está disponible para la mirada, a través de una multiplicidad de separaciones (subjetivo/objetivo, naturaleza/cultura, emocional/racional, mujer/hombre, negro/blanco, periferia/centro, sur/norte), construyendo cientificidades, modelos de identidad, de racionalidad para hacer escrutable y subyugable tanto lo micro como lo macro de las realidades humanas y no humanas. La perspectiva ha favorecido esta lógica de construcción del saber, direccionando el ojo.

Con el Renacimiento italiano la perspectiva, traicionando el estudio de los rayos de luz de Alhacén, se convierte en ciencia de la representación artística (*perspectiva artificialis*) que se basa en el mecanismo del proceso visual. No se trata solo de un aparato visual relativo a la dimensión artística, es un acto cultural que implica a todas las ciencias relativas a la construcción del conocimiento, la objetividad, la verdad.

Cronológicamente cercana al Renacimiento la conquista del «Nuevo Mundo» deja un legado en la mirada aún hoy visible en el encuentro con el otro. La persistencia de esa visión en la que el otro es carente, objeto de una curiosidad exótica o semejante para lo que nos conviene, está emparentada con los dibujos y retratos producidos desde el siglo XVI y que siguen representando al diferente a través de lemas, fotografías y vídeos.

---

54. Leky, Mariana. 2019. *Quel che si vede da qui*. Rovereto: Keller Editore.

Las pedagogías decoloniales señalan los rasgos de la colonialidad presentes en las sociedades actuales y sus trampas, invitándonos al ejercicio de revisión de los modelos de construcción de lo que representa ese saber pensado como universal. Escribir el informe de una investigación o sobre una familia usuaria de un servicio social es un acto de responsabilidad con uno mismo y con el mundo. Construimos la imagen de sujetos que entregamos al mundo, pero es también, y ante todo, el retrato de quien escribe. Y es necesario preguntarse: ¿a quién soy fiel cuando escribo sobre el otro?

Me pregunté en las primeras páginas: ¿de dónde viene mi mirada? Ahora, puedo formular una pregunta aún más radical, ayudada por Donna Haraway (1999, 116): «¿De quién era la sangre con la que fueron hechos mis ojos?». Haraway reclama dar un mejor relato del mundo. Cada uno en el lugar donde vive. Hay infinidad de herramientas que prolongan el ojo, pero no hay visión si no respondo a las preguntas: ¿Qué quiero ver? ¿Quién construyó el instrumento que utilizo cuando observo? ¿Cuándo y quién construyó la categoría que utilizo para ver? ¿Con quién ver? ¿Desde dónde ver? ¿Cómo deberíamos posicionarnos para ver? ¿Cómo compartir múltiples puntos de vista? ¿Cómo ser responsables y co-responsables de la objetividad que dejamos en nuestros escritos? ¿Cómo conectamos nuestros ojos con otras capacidades sensoriales en la investigación, los cuidados y el trabajo educativo?

Atravesar estas cuestiones significa aceptar tanto la necesidad del encuentro como su complejidad.

Ver bien y vivir bien pasan por nombrar «lo que se ve desde aquí», por saber situarse y construir con otros y otros saberes situados y encarnados.

Si se considera la visión en su complejidad histórica, cultural y crítica como un sistema sensorial y de comprensión situado en un cuerpo, podemos plantearnos la construcción de saberes situados y saberes de ciencia a través de una objetividad que no repite la identidad a sí misma ni se confunde con el otro.

Si los ojos y su extensión tecnológica han sido utilizados por el discurso neutro-masculino, sobre todo como invasores y ligados a la conquista, la guerra y el colonialismo, con el fin de vestir a otros de canibalismo cuando en realidad el verdadero ojo caníbal era el de quienes los representaban, ahora podemos asumir un posicionamiento inspirado en las pedagogías decoloniales y practicar una «rehabilitación» de la mirada.

La construcción de una objetividad múltiple y compartida sobre lo que se observa en el propio trabajo, las elecciones, las evaluaciones, los resultados de las investigaciones, todo esto solo puede existir a través de la creación de un espacio vacío, no pleno, nacido del diálogo encarnado y apasionado, en lugares circunscritos, donde la visión y el intercambio de palabras toman la forma de una espiral dirigida a un saber relacional. No es un saber que viene desde arriba, sino del aliento de los cuerpos, de las historias colectivas y personales, de las contradicciones, de las desafinaciones y de los fragmentos, de las grietas de la vida, de los saltos de pensamiento, del cruzarse de las miradas, del análisis de múltiples puntos de vista contados en las diferentes lenguas con las que hoy nos confrontamos y ponemos en relación. Es un saber localizado que brota del en-cuentro.

Devolver un lugar a la parcialidad, conocer de dónde viene la propia mirada, practicar el *en-cuentro* significa estar en una constante interacción con el *in*-terno y el *en*-torno. Interacción, no integración. La integración es el mito de una ideología relacional que tiende primero a la des-integración y luego, pero sólo entonces, a la integración hacia la homogeneización a lo idéntico (el hombre blanco).

Los saberes situados se circunscriben a lugares y cuerpos, derivan de la puesta en común de diferentes zonas de avistamientos y percepciones, proceden de un cierto pensamiento feminista y de un posicionamiento femenino. Un posicionamiento que construye una ciencia, al alcance de todo el mundo, pero que hay que buscar y encontrar con voluntad, permaneciendo vigilantes (Haraway 1999, 117):

> La topografía de la subjetividad es multidimensional, la visión también lo es. El yo sujeto de conocimiento es parcial en todas sus formas, nunca está acabado ni íntegro ni simplemente existe ni es original; siempre está construido y re-cosido imperfectamente, y por lo tanto, es capaz de unirse a otro, para ver juntos sin pretender ser otro.

Partir del cuerpo sexuado, de los propios ojos y del sentir del propio cuerpo, aceptar que lo que se busca puede existir en el cruce apasionado de relaciones y encuentros extra-ordinarios. Es admitir una dimensión epistemológica parcial, múltiple y multisituada. Es ahí donde pueden nacer historias maestras que finalmente den lugar a otra historia.

Atravesar la mirada es recordar de qué están hechos nuestros ojos, condición para no perder el encuentro. Entonces lo que se ve desde aquí puede sorprendernos. Incluso cuando los ojos están cerrados.

BIBLIOGRAFÍA

Alga, Maria Livia. 2018. *Etnografia «terrona» de sujetos excéntricos: Prácticas, narrativas y representaciones contra el racismo y la homofobia en Italia.* Barcelona: Edicions Bellaterra.

Abū 'Abd al-Raḥ mān, as-Sulamî. 2011. *Donne Sûfì. La santità islamica al femminile.* Turín: Il Leone Verde Edizioni.

Addi Lahouari. 2012. «Sociologie du savoir sur Autrui. Contribution au débat sur les études postcoloniales». *Mouvements* 72: 54-67.

As-Sulami. 2011. *Donne Sufi. La santità islamica al femminile.* Turín: Il Leone Verde.

Barriendos Rodríguez, Joaquin. 2011. «La colonialidad del ver. Hacia un nuevo diálogo visual interepistémico». *Nómadas* 35: 13-29.

Belting, Hans. 2010. *I canoni dello sguardo. Storia della cultura visiva tra Oriente e Occidente.* Turín: Bollati Boringhieri.

—. 2012. *Florencia y Bagdad. Una historia de la mirada entre Oriente y Occidente.* Madrid: Ediciones Akal.

Beneduce, Roberto y Simona Taliani. 2006. «Embodied Powers, Deconstructed Bodies. Spirit Possession, Sickness, and the Search for Weath of Nigerian Immigrant Women». *Anthropos* 101: 429-449.

Bianchi, Letizia. 2004. «Cura familiare, cura professionale». En *Il lavoro di cura. Come si impara, come si insegna*, ed. Grazia Colombo, Emanuela Cocever y Letizia Bianchi. Roma: Carocci.

Boulbina, Seloua Luste. 2012. «Décoloniser les institutions». *Mouvements* 2: 131-141.

Bourdieu, Pierre. 2003. «L'objectivation participante». *Actes de la recherche en sciences sociales* 150: 43-58.

Bruner, Jerome. 1990. *La ricerca del significato: Per una psicologia culturale.* Turín: Bollati Borignhieri.

—. 2004. *La cultura dell'educazione. Nuovi orizzonti per la scuola.* Milán: Feltrinelli.

Bruno, Giuliana. 2016. *Superfici. A proposito di estetica, materialità e media.* Milán: Johan & Levi Editore.

Burgio, Giuseppe. 2022. *Pedagogia Postcoloniale. Prospettive radicali per l'intercultura.* Milán: Franco Angeli.

Buttarelli, Annarosa y Federica Giardini (ed.). 2008. *Il pensiero dell'esperienza.* Milán: Dalai Editore.

Calvino, Italo. 2002. *Mondo scritto e mondo non scritto.* Milán: Mondadori.

—. 2008. *Le città invisibili.* Milán: Mondadori.

Cambi, Franco. 2012. *Incontro e dialogo. Prospettive per una pedagogia interculturale.* Roma: Carocci.

Cavarero, Adriana. 2001. *Tu che mi guardi, tu che mi racconti. Filosofia della narrazione.* Milán: Feltrinelli.

Certeau, Michel de. 2000. *Mai senza l'altro. Viaggio nella differenza*. Magnano: Edizioni Qiqajon.

—. 2005. *La scrittura dell'altro*. Milán: Raffaello Cortina.

—. 2007. *La presa della parola e altri scritti politici*. Roma: Meltemi.

Cima, Rosanna. 2005. *Abitare le diversità. Pratiche di mediazione culturale, un percorso fra territorio e istituzioni*. Roma: Carocci.

—. 2007. «Il lavoro della scrittura nella cura». En *Per una pedagogia e una didattica della scrittura*, ed. Demetrio Duccio. Milán: Unicopli, 338-350.

—. 2009. *Incontri possibili. Mediazione culturale per una pedagogia sociale*. Roma: Carocci.

—. 2018. «Saper fare la differenza per ricercare pratiche d'incontro tra Verona e N'Dem». En *Le emergenze educative della società contemporanea. Progetti e proposte per il cambiamento*, ed. Simonetta Ulivieri. Lecce: Pensa Multimedia, 205-209.

Cima, Rosanna, Maria Livia Alga, Eleonora Pittoni y Roberta Frighetto. 2016. «Storie maestre. Comporre un archivio vivo per prendersi cura di chi cura». *MeTis* 1: 1-6.

Cislaghi, Alessandra. 2012. *Essere fuori di sé. Saggio sulla soggettività estatica*. Milán: Mimesi.

Clifford, James. 2008. *Strade. Viaggio e traduzione alla fine del secolo XX*. Turín: Bollati Boringhieri.

Clifford, James y George E. Marcus (ed.). 1998. *Scrivere le culture: Poetiche e politiche dell'etnografia*. Roma: Meltemi.

Cohen-Emerique, Margalit. 1985. «La formation des praticiens en situations interculturelles. Le choc culturel: méthode de formation et outil de recherche». En *Actes du Colloque: l'Interculturel en Éducation et Sciences Humaine*. Toulouse: Université de Toulouse II Le Mirail.

—. 1993. «L'approche interculturelle dans le processus d'aide». *Santé mentale au Québec* 18(1): 71-92.

—. 2011. *Pour une approche interculturelle en travail social. Théories et pratiques*. Rennes: Presses de l'EHESP.

Coomaraswamy, Ananda Kenith. 1975. *Sapienza orientale e cultura occidentale. La ricerca di una possibile armonia*. Milán: Rusconi.

—. 2005. *La filosofia dell'arte cristiana e orientale*. Milán: Abscondita.

Cooper, Frederich. 2004. *Décolonisation et travail en Afrique. L'Afrique britannique et française 1935-1960*. París: Karthala-Sephis.

Dalai Emiliani, Marisa. 1966. «La questione della prospettiva». En *La prospettiva come «forma simbolica»*, Erwin Panofsky. Milán: Feltrinelli, 115-140.

De Lauretis, Teresa. 1999. *Soggetti eccentrici*. Milano: Feltrinelli.

Dewey, John. 1984. *Democrazia e educazione*. Florencia: La Nuova Italia.

Diotima. 1996. *La sapienza del partire da sé*. Nápoles: Liguori.

Du Bois, William. 2007. *Le anime del popolo nero*. Florencia: Le Lettere.

Esteban, Mari Luz. 2004a. «Antropología encarnada. Antropología desde una misma». En *Papeles del CEIC*. https://www.ehu.eus/ojs/index.php/papelesCEIC/article/viewFile/12093/11015.

—. 2004b. *Antropología del cuerpo. Género, itinerarios corporales, identidad y cambio*. Barcelona: Bellaterra.

Faeta, Francesco. 1995. *Strategie dell'occhio. Etnografia, antropologia, media*. Milán: FrancoAngeli.

Fanon, Frantz. 2015. *Pelle nera maschere bianche*. Pisa: Edizioni ETS.

Faso, Giuseppe. 2008. *Lessico del razzismo democratico. Le parole che escludono*. Roma: DeriveApprodi.

Ferraris, Maurizio. 2009. *Documentalità. Perché è necessario lasciar tracce*. Roma-Bari: Laterza.

Fiorucci, Massimiliano. 2011. *Gli altri siamo noi. La formazione interculturale degli operatori dell'educazione*. Milán: Armando Editore.

Florenskij, Pavel. 1977. *Le porte regali. Saggio sull'icona*. Milán: Adelphi.

Freire, Paulo. 2014. *Pedagogia della speranza*. Turín: EGA.

—. 2002. *Pedagogia degli oppressi*. Turín: EGA.

Geertz, Clifford. 2001. *Antropologia e filosofia*. Bolonia: Il Mulino.

Giallongo, Angela. 1995. *L'avventura dello sguardo. Educazione e comunicazione visiva nel Medioevo*. Bari: Edizioni Dedalo.

Glissant, Édouard. 2007. *Poetica della Relazione III*. Macerata: Quodlibet.

Griaule, Marcel. 2002. *Dio d'acqua: incontri con Ogotemmeli*. Turín: Bollati Boringhieri.

Hillman, James. 1984. *Le storie che curano*. Milán: Raffaello Cortina.

Haraway, Donna. 1999. *Manifesto cyborg. Donne, tecnologie e biopolitiche del corpo*. Milán: Feltrinelli.

Hexküll von, Jakob. 2010. *Ambienti animali e ambienti umani. Una passeggiata in mondi sconosciuti e invisibili*. Macerata: Quodlibet.

hooks, bell. 2020. *Insegnare a trasgredire. L'educazione come pratica di libertà*. Roma: Meltemi.

Illich, Ivan. 2008. *Esperti di troppo*. Trento: Erikson.

—. 2009. *I fiumi a nord del futuro. Testamento raccolto da David Kayley*. Roma: Quodlibet.

Iori, Vanna (ed.). 2006. *Quando i sentimenti interrogano l'esistenza. Orientamenti fenomenologici nel lavoro educativo e di cura*. Milán: Guerini Studio.

—. 2010. «La vita emotiva nel lavoro di cura. Da ostacolo a risorsa». En *Ripartire dall'esperienza. Direzioni di senso nel lavoro sociale*, ed. Vanna Iori, Alessandra Augelli, Daniele Bruzzone y Elisabetta Musi. Milán: FrancoAngeli, 24-33.

Irigaray, Luce. 2007. *Oltre i propri confini*. Milán: Baldini Castoldi Dalai.

—. 2014. *L'ospitalità del femminile*. Génova: Il Melangolo.

Jedlowski, Paolo. 2000. *Storie comuni. La narrazione nella vita quotidiana*. Milán: Mondadori.

Keller, Richard. 2001. «Madness and Colonization: Psychiatry in the British and French Empires, 1800-1962». *Journal of Social History* 35(2): 295-326.

Kristeva, Julia. 2014. *Stranieri a noi stessi, l'Europa, l'altro, l'identità*. Milán: Donzelli.

—. 1991. *Extranjeros para nosotros mismos*. Barcelona: Plaza y Janés.

La Cecla, Franco. 2005. *Il Malinteso. Antropologia dell'incontro*. Bari: Laterza.

Loiodice, Isabella. 2016. «Editoriale, Biografie dell'esistenza: ricordando Jerome Bruner». *MeTis* 6(1).

Maldonado-Torres, Nelson. 2012. *La descolonización y el giro de(s)colonial*. Chiapas, México: Universidad de la Tierra.

Marangelli, M. Gabriella, Laura Morazzoni y Edoardo Re. 2007. *Reti sociali Naturali e disagio psichico. Manuale per l'attivazione di facilitatori naturali*. Turín: Centro Scientifico Editore.

Marcus, George E. 1995. «Ethnography in/of the World System: the emergence of multisited ethnography». *Annual Review of Anthropology* 24: 95-117.

Messetti, Giuseppina. 2010. *Educare lo sguardo. Osservazione e riflessività*. Verona: QuiEdit.

Migliavacca, Elena. 2018. «Introduzione». En *Dire la maternità*, AA.VV. Verona: Comune di Verona.

Milan, Giuseppe. 1994. *Educare all'incontro. La pedagogia di Martin Buber*. Roma: Città Nuova.

Milani, Lorenzo. 2007. *Lettera a una professoressa*. Florencia: Libreria Editrice Fiorentina.

Mohanty, Chandra Talpade. 2003. *Feminism without Borders: Decolonizing Theory, Practicing Solidarity*. Durham: Duke University Press.

Mortari, Luigina. 2003. *Apprendere dall'esperienza. Il pensiero riflessivo nella formazione*. Roma: Carocci.

Muraca, Mariateresa. 2017. «Generare sapere dalla differenza coloniale. Orizzonti pedagogici decoloniali». *Civitas Educazionis* 1: 133-150.

Muraca, Mariateresa, Rosanna Cima y Maria Livia Algam. 2014. «Anatomia dos olhares na pesquisa científica». *Em aberto* 27(91): 111-122.

Mudimbe, Valentin Y. 2017. *L'invenzione dell'Africa*. Roma: Meltemi.

Muraro, Luisa. 1996. «Partire da sé e non farsi trovare». En *La sapienza di partire da sé*, Diotima. Nápoles: Liguori Editore, 5-22.

Nathan, Tobie. 2005. «Pardon, ô propriétaires du sol!». En *Comment on dit dans ta langue? Pratiques ethnopsychiatriques*, Sybille de Pury. París: Éditions du Seuil, 11-21.

Panofsky, Erwin. 1962. *Il significato nelle arti visive*. Turín: Einaudi.

—. 1966. *La prospettiva come forma simbolica*. Milán: Feltrinelli.

—. 1984. *Rinascimento e rinascenze nell'arte occidentale*. Milán: Feltrinelli.

Pezeril, Charlotte. 2008. *Islam, mysticisme et marginalité: les baay faal du Sénégal*. París: L'Harmattan.

Piussi, Anna Maria. 2000. «Partir de sí: necesidad y deseo». *DUODA: estudis de la diferència sexual* 19: 107-126.

Portera, Agostino. 2013. *Manuale di pedagogia interculturale*. Roma-Bari: Laterza.

Potente, Antonietta. 2017. *Come il pesce che sta nel mare. La mistica del luogo dell'incontro*. Milán: Paoline.

Putino, Angela. 1998. «Donna guerriera». *DWF* 7: 9-14.

Quijano, Aníbal. 2000. «Colonialidad del poder, eurocentrismo y América Latina». En *La colonialidad del saber: eurocentrismo y ciencias sociales perspectivas latino-americanas*, ed. Edgardo Lander. Buenos Aires: CLACSO, 122-151.

—. 2007. «Colonialidad del poder y clasificación social». En *El giro decolonial. Reflexiones para una diversidad epistémica más allá del capitalismo global*, ed. Santiago Castro-Gómez y Ramón Grosfoguel. Bogotá: Universidad Javeriana-Instituto Pensar, Universidad Central-IESCO, Siglo del Hombre Editores.

Rich, Adrienne. 1996. «La politica del posizionamento». *Mediterraneum* 2: 15-22.

Riva, Maria Grazia. 2004. *Il lavoro pedagogico come ricerca dei significati e ascolto delle emozioni*. Milán: Guerini e Associati.

Rojas Mix, Miguel. 1992. *Los cien nombres de américa*. Barcelona: Lumen.

Rossi, Bruno. 2003. *Il sé e l'altro. Per una pedagogia dell'incontro*. Brescia: La Scuola.

Santerini, Milena. 2017. *Da stranieri a cittadini. Educazione interculturale e mondo globale*. Milán: Mondadori.

Sclavi, Marianella. 2003. *Arte di ascoltare e mondi possibili. Come si esce dalle cornici di cui siamo parte*. Milán: Bruno Mondadori.

Shiva, Vandana. 1995. *Monoculture della mente. Biodiversità, biotecnologia e agricoltura «scientifica»*. Turín: Bollati Boringhieri.

Sironi, Françoise. 2007. *Psychopathologie des violences collectives. Essai de psychologie géopolitique clinique*. París: Odille Jacob.

—. 2010. *Violenze collettive. Saggio di psicologia geopolitica clinica*. Milán: Feltrinelli.

Smelser, Neil J. 2011. *Manuale di sociologia*. Bolonia: Il Mulino.

Sousa Silva, José de. 2013. «La pedagogía de la felicidad y una educación para la vida». En *Pedagogías decoloniales. Prácticas insurgentes de resistir, (re)existir y (re)vivir, tomo I*, ed.

Catherine Walsh. Quito: Ediciones Abya Yala, 488-489.

Stengers, Isabelle. 2003. «Introduzione». En *Non siamo soli al mondo*, Tobie Nathan. Turín: Bollati Boringhieri.

Tarozzi, Massimiliano. 2015. *Dall'intercultura alla giustizia sociale. Per un progetto pedagogico e politico di cittadinanza globale*. Milán: Franco Angeli.

Thiong'o, Nigugi Wa. 2017. *Pour une Afrique libre*. París: Philipe Rey.

Ngugi, Wa Thiong'O. 2015. *Decolonizzare la mente*. Roma: Jaca Book.

—. 2017. *Pour une Afrique libre*. París: Philipe Rey.

Todorov, Tzevetan. 1984. *La conquista dell'America. Il problema dell'«altro»*. Turín: Einaudi.

—. 1987. *La conquista de América: el problema del otro*. México DF: Siglo XXI.

Walsh, Catherine. 2007. «Son posibles unas ciencias sociales/culturales otras? Reflexiones en torno a las epistemologías decoloniales». *Revista Nómada* 26: 102-113.

—. 2008. «Interculturalidad, plurinacionalidad y decolonidad: Las insurgencias político-epistémicas de refundar el Estado». *Tabula rasa* 9: 131-152.

—. 2013a. *Pedagogías decoloniales: prácticas insurgentes de resistir, (re)existir y (re)vivir, tomo I*. Quito: Editorial Abya-Yala.

—. 2013b. *Lo pedagógico y lo decolonial. Entretejiendo caminos*, in *Pedagogías decoloniales. Práticas insurgentes de resistir, (re)existir y (re)vivir, tomo II*. Quito: Editorial Abya Yala.

Weil, Simone. 1990. *La prima radice*. Milán: SE.

Zamboni, Chiara. 1994. *L'azione perfetta*. Roma: Centro Culturale Virginia Woolf.

—. 1996. «*Prefazione*». En *La sapienza di partire da sé*, Diotima. Nápoles: Liguori Editore, 1-3.

—. 2001. *Parole non consumate. Donne e uomini nel linguaggio*. Nápoles: Liguori Editore.

—. 2006. «Introduzione». En *Il cuore sacro della lingua*, ed. Chiara Zamboni. Padua: Il Poligrafo.

Zambrano, Maria. 2003. *Note di un metodo*. Nápoles: Filema.

Zamora, Margarita. 1993. *Reading Columbus*. Berkeley: University of California Press.

Zoletto, Davide. 2012. *Dall'intercultura ai contesti eterogenei. Presupposti teorici e ambiti di ricerca pedagogica*. Milán: Raffaello Cortina.

COL·LECCIÓ EDUCACIÓ

Títols publicats

1. Aplicació didàctica dels jocs a l'educació física
2. El niño hiperactivo (TDA-H). Intervención en el aula
3. Los dibujos de los zurdos
4. Adaptació curricular. Aplicació informàtica NAC-ACS
5. Didàctica del català i pedagogia crítica
6. Adaptación curricular. Aplicación informática NAC-ACS
7. La prevención del SIDA en adolescentes. Propuestas pedagógicas
8. La escolarización de la infancia gitana en 17 poblaciones de Andalucía
9. Educació intercultural. La diversitat cultural a l'escola
10. El sistema solar: nuestro pequeño rincón en la Vía Láctea
11. Tòpics i adolescència
12. La diversitat cultural a l'escola. Propostes pràctiques per a un currículum intercultural
13. L'avaluació del llenguatge infantil. ELI
14. Adaptació curricular. Aplicació informàtica NAC-ACS II
15. El origen del sistema solar y del meteorito Puerto Lápice
16. Prácticas inclusivas: experiencias, proyectos y redes
17. La carrera de orientación en el colegio
18. Evai E-learning Platform: Student's Reference Guide
19. La tutoría entre iguales: aspectos teóricos y elementos básicos para su planificación
20. Mètode de creixement emocional: aspectes, tècniques i estratègies d'autoaplicació
21. Guía práctica para mejorar la motivación del alumnado de educación secundaria y formación profesional
22. Un país d'històries. Geografia literària pel País Valencià
23. Les invisibles. Educació afectivosexual des de les ciències socials
24. L'aprenentatge-servei com a eix vertebrador en l'aplicació de diferents metodologies actives per a l'alumnat